10天内，培養專注力小孩

超值修訂版

10 Days to A Less Distracted Child

兒童及家庭關係心理學權威
傑佛瑞．伯恩斯坦 博士／著
陳昭如／譯

contents

目錄

contents

第4天 解決孩子在學校注意力不集中的問題 100

——教導注意力不集中孩子的36個有效策略

第5天 終結回家功課的戰爭 130

——24個協助孩子做完功課的訣竅

contents

第8天　透過獎勵幫助孩子保持積極的學習動機　240

第9天　瞭解相關用藥與另類療法　270

推薦序

拯救「注意力不集中的孩子」有良方

教育專家、振聲高中前校長

張湘君

最近因指導一位特教研究所學生進行「肢體回應教學法對於注意力缺陷過動障礙學生在英語學習的效果」論文，及聽一位從事補教業的朋友激動地談論班上過動學生帶來的困擾，驚覺已有為數不少的注意力缺陷過動障礙（attention deficit hyperactivity disorder, 簡稱ＡＤＨＤ）的孩童就在我們身旁。

據一項二〇〇七年在美國所做的調查顯示ＡＤＨＤ孩童已達全體學生人數的百分之三至百分之六，以此推估一個普通班中可能出現一至二名疑似ＡＤＨＤ的學生，難怪今日教師頻頻為班級經營不易而抓狂。

注意力不集中的孩子常被誤解為行為偏差，或被錯認為懶惰成性。一般人老覺得他們總是不聽話，很難溝通，但實情是他們因生理問題不能清楚辨識訊息，無法「聽話」。尤其在這個步調快速、能同時完成多種任務常被視為是種優點的時代裡，注意力不集中的孩子常常因聽到多重且快速的指示無所適從，而感到極度的沮喪，老覺得被誤解。長期下來，他們多半會感到脆弱、無助與恐懼，只好不斷的尋找藉口來隱藏自己的無能。

注意力及衝動控制是學業成就的先備條件。這些孩童在學習上因為缺乏專注力，無法專心聽教師的授課或是參與討論，筆記及作業雜亂無章或無法獨立完成作業，考試分數低，甚至出現干擾行為，如隨意離座、不舉手發言或做學習活動以外的事等，造成教師班級管理的困擾，因此也常成為老師的眼中釘。長期在學業表現上不佳，導致低自我概念，缺乏自信讓ADHD孩童參與學習與遵守教室常規的意願低落，而這使得其學業成就表現更落於他人之後，形成一惡性循環。

本書作者曾是注意力不集中的孩子，以過來人的心態執筆，自然很有說服力，他甚至自嘲自己是在寫一本自救的書籍！除此之外，心理醫生的專業素養讓他不時於書中應用譬喻披露注意力不集中孩子的內心世界，幫助讀者瞭解事實之真相，如注意力不集中的孩子，快速且不當的想法會頻繁地在腦海裡造成衝突，如同一個在事故現場指揮交通不當的交通警察，造成更多的交通事故或這些孩子聽到多重指示時無法瞭解，常常像被車燈照到的鹿隻一樣，呆若木雞，不知作何反應，所以手足無措，更加無法使用正確的方式做事等，希望能為他們洗刷長期被誤解的冤屈。

同理才有力量協助！看完本書才瞭解注意力不集中原來不是孩子能夠掌控的問題，才有理智少用洩氣或生氣的語言對孩子說話，避免造成無畏的傷害。作者告誡苦惱不是唯一的選擇，身為師長的我們反而需要學習透過孩子的眼光看世界，讓孩子感受到師長願意從他的角度看事情，變得開放，有意願改善自己的行為。另也要積極增進自己跳脫挫折感及負面情緒的技巧，才能應付接踵而來的各種挑戰，及開發他們獨特的優勢學習能力。

注意力不集中的孩子常讓父母傷透腦筋，但只要耐心陪著慢慢走，他們也可以是父母最大的驕傲。教師及家長千萬不能放棄希望，配合正確的適性教育療育，降低障礙的異常行為，相信每一位注意力不集中的孩子，都能開發無限的生命潛力，走出心理的陰霾，譜出動人的生命色彩與樂章。

推薦語

這本書鼓舞了許多有注意力不集中孩子的家庭，原來，這些令人頭痛的問題是可以並且有效改善的。作者提出的10天計劃，幫助家長進入箭頭朝上的良性循環系統中，原本混亂失望的局面可以得到控制，我認為目前為注意力不集中孩子所苦的父母，都應該人手一冊。

臺北市士東國小校長、兒童文學作家　林玫伶

引言

只要10天，你就會看見孩子的改變！

你之所以會選擇閱讀本書，是因為你已厭倦了孩子注意力不集中的行為了。你受夠了他老是遲交作業、大考小考不及格、以及在家時老愛找麻煩。你很擔心他有如火山爆發般的衝動會造成人際關係的問題；而且似乎無論你要求他做什麼事多少次，他從來都不會照做。即使你知道自己為此而非常苦惱，但卻始終一籌莫展。

孩子注意力不集中的問題，讓你既感到有壓力，又感到悲傷。然而你試圖糾正他所做的一切努力，似乎全不管用。你試過各種處罰方法，例如像是不讓他使用電腦、不讓他享有特權、或是禁足，但結果不是完全無效，就是反而讓情況更糟。你甚至可能會懷疑，孩子要不是有正當的理由的話，否則就只是單純的懶惰，或是沒有學習動機。

如果你覺得上面這段話聽起來很熟悉的話，我敢保證你並不孤單。因為有許多父母也正在奮力地想要瞭解、並面對教養注意力不集中孩子的各種挑戰。

我完全瞭解這點。

應付注意力不集中的孩子很困難，而且極具挑戰性。然而，等你學到「第1天的計畫」的詳細內容後，你會發現孩子正為了有正當理由的問題所苦，而且也需要你的協助來克服。若是孩子有這樣的問題，但卻未被及時發現並處理的話，可能會毀了他的一生。我知道這好像很危言聳聽，但很棒的是僅僅只要透過閱讀本書，同時將這個10天計畫付諸行動，你將可以著手解決這個問題。進行這個計畫需要一點力氣與膽識，而且你想讓孩子的情況好轉的決心終將獲致成功。

為什麼這個計畫如此有效？

本書與姐妹作《10天內，孩子不再是小霸王》皆提供了非常強而有力的策略、訣竅及技巧，能幫你很快且簡單地達到改進孩子問題行為的目標。在這兩本書中，我非常強調在改善孩子行為時，同理心及創造情感安全的重要。這幾個重要元素能幫你在使用這些計畫的各種策略及訣竅時，如果孩子因抵抗或防衛而拒絕配合時仍能「奏效」。我也鼓勵父母要以理解、冷靜、堅決及不掌控的態度對待孩子，這是我根據《10天內，孩子不再是小霸王》一書所收到的讀者反應，為這個十天計畫所創造的非常有效的方法。儘管本書與《10天內，孩子不再是小霸王》的重點不盡相同，但保證兩本書都可讓父母協助正處於困境中的孩子幫助自己。

不過有一點很重要必須提醒你的是，正為注意力不集中問題所苦的孩子如果沒有處理好這個問題的話，最後可能會導致行為偏差。若是你的孩子也有行為偏差的問題，包括經常性的爭吵、為了自己的錯誤而怪罪他人、或是不守規矩，那麼《10

天內，孩子不再是小霸王》，這本一書可以提供你許多支持性及有效的策略。

當你開始進入第一天計畫時，你會發現我把注意力不集中視為一個整體問題。它可能源自於情境、情緒與神經病學等因素。在某些例子中，導致注意力不集中的原因可能無法明確地辨識。例如某個父母剛離婚的孩子有ADHD或學習障礙及焦慮等問題，便可能有一個以上的因素造成注意力不集中。不論造成注意力不集中的原因為何，我相信本書中的建議對大多數家庭來說，都很有價值且可實際運用。

你可以減少孩子注意力不集中的程度

注意力不集中的孩子會抗拒他人的協助。當他們不知道答案時會假裝知道，但可能不具任何意義。當他們感到迷惘或害怕時，會以說謊來應付。有時似乎對他們的父母（同時也是對孩子）來說，也沒有任何方法能脫離這樣的處境，也沒有任何方法能找到問題的核心。我在此告訴你，處理這個問題絕對有方法。過去二十年來，我在心理學領域不斷耕耘，親眼見過太多淚水、憤怒、失望與終止學習動機的行為。此外，我也見過許多注意力不集中的孩子，他們突破了重重障礙，再次生氣蓬勃地出現。我非常有信心，只要遵循著這個開創性的十天計畫，你將可以明顯減少孩子注意力不集中的程度，並改善他的社交技巧及自信。同時孩子也將可以得到他所需要的自信，來面對每天來自學校、家庭及與同儕的挑戰。你也可以獲致正面的結果，就像我曾輔導過的許多家長與孩子一樣。

你可能懷疑孩子注意力不集中的程度會與日俱增。儘管孩子注意力不集中的問題可能會隨著成長而逐漸減少，但我可以告訴你，當孩子注意力不集中的狀況到達有問題的層次時，通常不會自動消失，而是需要正確手段來協助他們變得更能適應學校、同儕、家庭與社區生活。

本書將按部就班地告訴你如何減少孩子注意力不集中的程度，並改善你們的親子關係。這個計畫是根據四到十八歲的孩子所設計的。為了閱讀上的清晰度與簡易度，我在書中均使用「孩子」這個字眼來指稱整個年齡層的人。書中所有的案例均來自於我的心理學研究案例。但我已改動了所有的人名及可辨識的相關資料，以保護個人隱私。請瞭解本書並無意取代專業性的協助。若是孩子的問題始終沒有改善，我會建議你去尋求受過訓練的醫學及精神科專業人士。

我也有注意力不集中的問題

曾經身為注意力不集中的孩子及青少年，我有我自己的挑戰。我想解決自己問題的決心，幫我透過許多不曾想像的方法而成功了。我對於自己可以獲致這樣的成果感到非常開心。

然而，我也曾親身體驗達不到應有標準與失落的感覺。注意力不集中的問題很明顯在我高中深深為化學課所苦、及數學三角不及格時扮演了重要的角色。我必須重修三角課。在大學時期，注意力不集中刺激我尋求更有趣的事物而不想讀書。這導致我在讀了一學期後便留級了，讓我不得不匆匆趕上課業進度。讓我這麼說吧，這樣的轉變對早年的我來說誠然不易。但我可以很清楚告訴你，我並不因為過去的苦日子而怪罪於自己的注意力不集中。事實上，學習克服我個人的挑戰，讓我在見到有同樣困境的孩子時更有同理心。

此外，我也非常幸運能擁有支持我、總是相信我的雙親。他們並沒有讀過任何書來告訴他們該如何幫我，但他們總是對我說許多鼓勵的話。即使是多年前我年紀還小，當我父母從垃圾堆裡找出我遺失的車鑰匙（這只是我眾多記性不好的例子之一）而咯咯笑出聲時，也從不停止對我的信任。

注意力不集中並不總是件壞事。它讓我可以從不同角度思考，並變得在各方面更有創意。但與此同時，如果注意力不集中的問題無法彌補，或由於它所造成的問題無法克服的話，可能會毀了孩子的一生。

捉住這個新的機會

當你根據這個改變人生的十天計畫去做時，請你把自己當成是個教練。當然，你首先且最重要的角色是父母，不過我也鼓勵你可以當孩子的教練，幫他在求學、社交與各種情緒經驗中獲致成功。

正如後面你將學到的，從嶄新的角度瞭解你注意力不集中孩子，對你來說是件非常重要的事。我知道你可能已試過各種想得到的方法來改善他的問題。許多父母都感到很困惑，因為孩子似乎在他們想要的時候，就可以集中注意力。你可能懷疑他怎麼能看那麼久的電視，或是存麼久的錢，只為了買一件為了新舞蹈要穿的緊身舞衣。孩子可以為了對他而言重要的事而集中注意力，卻無法在日常生活中如此，像是專心聽老師講課、與同儕相處、或是做回家功課。而這些就是我要你當孩子教練的時候。

如何從本書中獲益最多

我建議你連續使用這個十天計畫幾次。如果因故無法連續使用的話，也不要洩氣，只要盡可能做你能做的即可。

這個計畫每一天的內容都代表一個步驟，而你將會學到一個個緊密相關而且強而有效減少注意力不集中的策略。我建議你每天早上讀一章，然後在當天使用其中的策略。因為你與孩子都必須花一天以上，才能習慣策略中的每個新步驟／規定，但在這天過去後，你不必停止使用這些策略，或想掌握住這章中的所有策略。在你持續進行前，先弄清楚到底哪個策略對你與孩子來說最有用。

此外，也請給你及你注意力不集中的孩子一點時間，去適應新方法。有太多父母在處理注意力不集中的孩子時太輕言放棄。堅持你所做的改變，乃是成功的關鍵。如果你不放棄使用這個計畫，它也不會放棄你。大多數我輔導過父母在十天之內都看到孩子的問題顯著地減少了。

我建議你可以把看到自己與孩子的正面改變記錄下來。這個記錄不需要很正式或詳盡，任何形式能記錄下你與孩子正面的突破及成功，都會很有幫助。重要的是你必須記住這點，並因為孩子明顯的改善與全面的進步而深受鼓舞。

如果你遵循上述所言，我的十天計畫將會對你非常有用。但這只是起點而已，你必須持續使用書中的各種策略及原則，來指導你的孩子減少並處理注意力不集中的問題。我建議你不間斷地使用本書的策略，並持續努力下去。相信我，你的努力會得到回報，而且孩子注意力不集中的問題會愈來愈少——少到你無法置信。

特別提醒

注意力不集中的孩子常被誤解為行為偏差，或被錯認為懶惰成性。一般人老覺得他們總是不聽話，很難溝通，但實情是他們因生理問題不能清楚辨識訊息，無法「聽話」。

第1天 認識孩子的注意力不集中

——辨識孩子是否有注意力不集中的問題

你已經竭盡所能地以耐心與支持，來對待你注意力不集中的孩子了，可是他還是逼得你走投無路。似乎什麼方法都不管用。你受夠了他老是不把學校作業做完、忘了做功課、成績一路下滑。你厭倦了你對他的要求總是左耳進右耳出。教養注意力不集中的孩子非常累人，而你與日俱增的挫折感也會影響你與你的孩子。（相信我，其實你的孩子也感到很挫折，無論他是否承認這點。）

歡迎你來到第一天這個嶄新且令人興奮的計畫，以減少你家孩子注意力不集中的問題。今天你將學到造成這個嚴重問題的原因、其它相關問題及其所造成的損失。令人遺憾的是，據瞭解，有許多孩子因為注意力缺陷的問題而使其人生陷入混亂。有一個很殘酷的事實是，孩子注意力不集中也會造成家庭與教育者的困難。然而，注意力不集中可以有效地被減到最低，而且這個十天計畫能夠提供你許多你所需要的強力、特殊的技巧及工具。

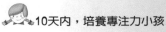

孩子注意力不集中，絕對不代表他很懶惰

當我提到孩子注意力不集中、或是容易分心時，我的意思是他無法專心，特別若是當他沒興趣的時候。這類孩子在集中注意力的過程中會有一個或多個問題。有些孩子是無法集中注意力在困難的課業上（尤其是例行或無聊的功課）。另外有些孩子則是不知道該從哪裡、及如何開始著手做困難的課業。還有些孩子則是時而專心時而不專心，並在這個過程中迷失了方向。正如你將在後面看到的，造成注意力不集中並非單一因素，而且這個問題的牽涉範圍之廣，需要我們的家庭與社會付出諸多有關情緒、教育及經濟方面的代價。

有一點很重要的是，你必須瞭解孩子的注意力不集中，並不代表他是故意很健忘、不負責任或心不在焉。此外，雖然孩子看起來好像是如此，但**他注意力不集中絕對不代表他很懶**。許多父母很難不在自己孩子身上貼上「懶惰」這個標籤，但問題是你卻這麼做了。這種毫無幫助的標籤，會對孩子造成深度的情感匱乏，同時對他的未來造成負面影響。

孩子可能有「注意力缺乏過動症」（ADHD）

造成孩子注意力不集中最普遍的因素是神經失調，一般稱之為「注意力缺失過動症」（ADHD）。ADHD的孩子若是注意力不集中的話，可能會造成很大的問題。十一歲的泰麗莎是由她非常擔心且惱怒的父母帶來我這裡的——而且泰麗莎滿臉是淚。我全面瞭解到泰麗莎在學校無法專心聽講、忘記寫作業、與同儕互動有問題、在家缺乏持續做家事的動力等。在造訪泰麗莎的老師，並與學校輔導老師談過後，我認為泰麗莎患有ADHD。這時特殊教育便必須適時登場了，此外泰麗莎的小兒科醫生為她開立了藥物處方（我將在「第九天」討論用藥的問題）。由於泰麗莎的診斷結果讓她父母瞭解到她的限制，並支持她克服挑戰。這個故事有個快樂的結局，但許多沒有適當外力干預的孩子卻沒這麼幸運。

許多為注意力不集中所苦的孩子有ADHD的傾向，但卻不完全符合ADHD的診斷。在這些案例中，外力介入的方式必須有所不同。但我們必須瞭解這些孩子不是自己選擇要不專心仍非常重要。在尋找對付策略與解決之道的過程中，瞭解孩子的注意力不集中並非出他的意圖，扮演了關鍵性的角色。

另外，有些被診斷出有ADHD的孩子是屬於過動與易衝動，而不是注意力不集中。這些孩子會持續性地坐立不安，或是不加思索便說出自己的看法而帶來麻煩。而讓情況益形複雜的是，有些被診斷出有ADHD的孩子同時也有注意力不集中及過動／容易衝動的問題。

在這個十天計畫中，我關心的重點是注意力不集中，但瞭解過動或易衝動的孩子面對巨大的挑戰也同等重要。許多父母告訴我，這個十天計畫的策略也減少了孩子過動與容易衝動的問題，但你也必須為過動且容易衝動的孩子找出更多讓他們專心的協助性手段。

如何辨識孩子是否注意力不集中？

為了讓你更瞭解孩子的注意力有多不集中，請查看下列清單。雖然這份清單是採用ADHD對不專心症狀的診斷分類，然而以下行為也常出現在沒有被診斷出ADHD卻有注意力不集中的孩子身上。

⊙請在下列敘述文字旁的空白處，寫下這些行為對你的孩子影響的程度。從1（非常嚴重）到5（非常不嚴重）

□當別人跟他說話時，似乎都沒聽見。
□無法確實做完家事或功課。
□很難在較長時間裡專心做什麼，除非他發現很有趣或很刺激。

□因爲缺乏注意力而犯下粗心大意的錯誤。

許多父母認為孩子可以玩很久的電動，就表示如果孩子願意的話是可以專心的。但電玩除外，因為它們提供了視覺、聽覺及觸覺等刺激，並給予立即性的回饋，這些都會讓人感到振奮及有趣、同時還能捕捉使用者的注意力／持續力。

□完全無法有系統地思考與做事。

一個注意力無法集中的孩子可能得花幾個鐘頭才能寫完功課，卻會在學校「弄丟」，或是忘了交出去。

□避免做回家功課或家事。

□很容易分心，或把注意力放在不正確的事物上。

□經常忘東忘西，時常需要被提醒。

現在請你仔細看看你對孩子所打的分數。很明顯的，對你來說，孩子注意力不集中的問題是最大的麻煩。現在不妨問問你自己以下幾個問題：

◆這些行為是從什麼時候開始出現的？

◆這些行為是在什麼樣的情況下發生的？

◆過去孩子是否發生過什麼負面的事情，才會讓他產生這些行為？

◆如果有的話，過去有什麼事曾幫孩子應付這些注意力不集中的行為？

◆對這些行為的反應是什麼？

正如我前面所提到的，ADHD也可能與過動與容易衝動有關，而伴隨著注意力不集中的症狀出現。如果你的孩子確實有這些情況的話，試著想想看他是否有下列描述的行為：

◆感覺坐立不安，手腳經常動來動去，或是坐著的時候不斷扭動。
◆應該好好坐著或表現出安靜模樣時，卻跑來跑去或離開座位。
◆在玩耍或從事休閒活動時無法安靜下來。
◆話說得太多。
◆在還沒聽完整個問題之前，答案便脫口而出。
◆無法照規矩排隊或輪流做事。

如果孩子注意力不集中或過動的情況正如上面所述且發生次數很頻繁的話，請你尋求專業的醫療人士，診斷看看孩子是否有ADHD的問題。

孩子可能有其他並存的疾病困擾

注意力不集中是個牽涉很廣的問題，造成此種病症可能有幾個基本原因，而不只是ADHD。以下是幾個其它症狀或因素可能造成孩子注意力不集中的描述。我會在「第七天：克服與注意力不集中並存的疾病」中更詳細討論這幾點。

1.因焦慮症困擾

焦慮的孩子內心常充滿了擔憂，而這會導致注意力不集中。舉例來說，焦慮的孩子與青少年在開學的第一天，或與跟朋友相處有問題時，經常特別感到煩躁或壓力。當他們不斷想著擔心的事（困擾是焦慮最主要的部分）時，心跳會變快，同時還會胃絞痛。有些孩子可能符合焦慮症的症狀，這是一種比一般的焦慮感還要嚴重非常多的疾病。焦慮症的孩子有極度的恐懼感及擔憂。也可能會產生睡眠障礙或生理上的症狀，像是頭痛、胃痛及噁心的感覺。

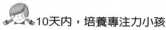

八歲的艾瑞卡和爸媽一起來找我，因為她在學校「非常古怪」，而且成績一落千丈。艾瑞卡的老師曾對媽媽喬艾斯拉說，艾瑞卡可能有注意力不集中的問題。喬艾斯透過電話私下「非正式」跟我說，那位老師深信艾瑞卡有ADHD的問題。

然而喬埃斯和艾瑞卡的老師都不知道，艾瑞卡非常擔心自己爸爸，因為他最近被診斷出有嚴重的內科問題。我把這點牢記在心，然後幫艾瑞卡分擔並處理她對爸爸健康的恐懼。幸運的是，艾瑞卡爸爸的健康狀況逐漸好轉。艾瑞卡繼續來找我做追蹤輔導，以處理在她心中對爸爸縈繞不去的焦慮。並不令人意外的是，艾瑞卡在面對及處理焦慮時不再那麼容易分心了。幸運的是，她的老師也看到了她的改變。

儘管許多父母對此感到十分沮喪，但孩子確實只能透過自己的意志力來控制難以克服的焦慮。孩子的焦慮常以無法預測的方式來來去去，這會剝奪了他們日常活動中表現與娛樂的機會。事實上，若是不具備處理技巧的話，孩子幾乎不可能控制自己的焦慮，而且這種焦慮的症狀不會隨時間而消失。我輔導過許多焦慮的成人，他們告訴過我許多未經診治的焦慮，是如何伴隨著自己大部分人生的故事。

焦慮在美國是最為常見的心理問題。每年大約有百分之十三的美國孩童及青少年罹患焦慮性疾病，而有更多人確實為焦慮所苦，但卻不符真正焦慮症的診斷。他們可能擔心學校壓力、家庭生活、同儕關係、及其它各式各樣的憂慮。即使是中等程度的焦慮也可能會導致注意力不集中。

2.為憂鬱症所苦

憂鬱症是另一個可能造成注意力不集中的心理問題。憂鬱症跟焦慮一樣是種情緒方面的問題，不像ADHD通常被認定為是神經方面的問題。在極少數的案例中，憂鬱症可能會與躁鬱症同時出現，而被認為是躁鬱症。

小孩可能比大人更容易受到憂鬱症潛伏的侵襲，其特徵可能是暴怒多過悲傷，而且經常伴隨著焦慮、反抗性的偏差行為、及學習障礙等症狀出現。「重鬱症」（major depression）這個字眼被用來與輕微及長期（一年或更久）情緒低潮，以及暴怒（也稱之爲輕鬱症dysthymia）等症狀作為區分。

十三歲的凱文來找我，因為他也被斷定有ＡＤＨＤ。凱文的家庭病史顯示，他的祖母終其一生均為憂鬱症所苦。根據我的治療評估，凱文在憂鬱症評量測試的分數在小孩之中算是非常顯著的。在我輔導他的過程中，他有許多自我挫敗的思想（包括「永遠也不會有人喜歡我」及「我很笨」），導致在學校無法專心與同學相處。幸運的是凱文經過輔導之後，學習到如何克服負面的自我概念，而且注意力不集中的程度也減輕了。

3.有學習障礙

十四歲的泰瑞爾在八年級的早秋時節來找我諮商。為了瞭解泰瑞爾，我跟他輪流讀設計好的問題卡，好讓我們發現對方的有趣之處。即使我並不是個有正式證書的問題卡指導員，都能很快看出泰瑞爾有閱讀障礙。我把他交付給學校的心理學家，而他認為泰瑞爾有識字與閱讀障礙。

學習障礙就像ＡＤＨＤ一樣，是神經方面的問題；它們會影響理解力、說寫語文的能力、數學的計算能力、協調性動作、或直接的注意力。更糟的是，**學習障礙會粉碎孩子的自信心，並造成注意力不集中**。這個症狀可能單獨存在，或伴隨著其它這裡所談的症狀出現。根據教育專家估計，美國六到七歲的孩子大約有百分之五至十有學習障礙，而其中有超過半數接受特殊教育。（請注意：「學習差異」聽起來比「學習障礙」較無評斷或負面意味，我個人較傾向使用此說法。然而，我在本

書中仍使用「學習障礙」，是因爲這個用法比較普遍，且法律或規範亦如此使用）

百分之八十有學習障礙的學生有識字障礙，讓閱讀問題成為閱讀障礙中最為常見者。然而任何為學習所苦但原因卻不盡相同的學生，他們注意力不集中的問題似乎進一步妨礙了閱讀能力。以下是一份常見學習障礙的清單：

- **識字障礙**：這是種語言上的殘疾，識字障礙的孩子無法閱讀或瞭解單字、句子或段落。
- **計算障礙**：這是種計算上的殘疾，孩子會無法解答算術問題，及無法理解數學的概念。
- **書寫障礙**：這是種書寫上的殘疾，孩子會無法正確地寫出一封完整的信，或是無法在被限制的空間裡寫信。
- **非語言性學習障礙**：包括了任何一種跟語言無關的學習障礙，包括認知及理解非語言溝通的困難，以及無法通情達理。
- **聽力與視力上的殘疾**：這些感官上的殘疾會讓孩子無法透過正常的聽力或視力來理解別人說了什麼。

有學習障礙的孩子常需要特殊教育系統的服務。這些孩子可能會非常不專心，而特殊教育經過特殊的設計教學，以符合他們特殊的需要。這類教學可能包括了努力補強他們在閱讀、數學及其它需要的各種領域。也可能包括了心理諮詢、生理及職能治療、說話及語言服務、交通接送及醫學診斷等。大多數接受特殊教育的孩子被認為具有某種學習障礙。

學習障礙及隨之而來的注意力不集中，可能是孩子終身都要克服的問題。有些孩子可能有幾項重複的學習障礙。其他孩子則可能只有一項，使得學習障礙對他們的人生只有一點點影響。但很棒的是有許多教育性的建議與資源，對於應付學習障礙很有幫助。（想瞭解更多資訊，請見資源那一章）

4.可能有孤獨症／亞斯柏格症

十二歲大的尚恩與我進行第一次諮商時，他表面上看起來情緒十分穩定，我感覺他有個獨特、私密與豐富的內在世界。尚恩患有亞斯柏格症，是一種嚴重的自閉症。尚恩智商很高，卻在社交方面無法與人有效地溝通。

自閉症孩子的失能狀態很多，但對大部分患者來說，不能專心是最麻煩的。因為他們把焦點集中在感官，而這對他們而言是很刺激且重要的。這些孩子經常很快從一種感官感受轉換到另一種，使他們在與朋友談話、父母要求或老師講課時都無法專心。

自閉症的孩子之所以會注意力不集中，往往與視覺有關。例如老師把一張紙放在桌子上，他便會因為那張紙而分心，而沒有注意到自己該做的事。或者有些學生在走道上看到東西而分心便會停下工作，好讓自己能看得更清楚。至於聽覺上的刺激，像是外面的聲響，也可能會讓他們非常不專心。

不論造成注意力不集中的原因為何，自閉症的孩子都很難忽略這個因素，然後把注意力放在他應該專心的地方。有些孩子會對新鮮興奮的感官刺激特別有反應，至於其他孩子則會無視於圍繞在身旁的感官刺激，只對某些特定事物全神貫注。

其他造成孩子注意力不集中的原因

有幾個原因可能會造成注意力不集中。我將提出其中幾個原因讓你記住。妥瑞症是種神經失調的病症，其特徵為身體不自主地抖動，及突然爆出聲音，且持續至少十二個月。**濫用藥物及心理壓力**也會干擾到孩子的注意力，對青少年的干擾尤其明顯。**視覺與聽覺問題**會讓孩子很不專心，因此必須考慮透過適當測試來解決。未被發現有視覺問題的孩子，可能有與ADHD類似的症狀。同樣症狀也可能發生在受到生理與心理虐待，像頭部受創或癲癇發作（petit mal seizure）的孩子身上。

很明顯的是，天賦異稟的孩子即使在注意力不集中時，也顯示出感官方面高度的活動與知覺。這讓我想到以前一位病人，十歲的凱斯。他在班上看起來很古怪，像是活在另一個世界。學校的心理醫師為他做了測試後，發現他的智商非常高。但凱斯表現出來的卻是「倉惶失措、毫無頭緒」。如果凱斯記得要帶回家功課，他通常都做得到（經過爸媽小小的提醒）。然而凱斯卻常忘了把功課交出去，讓他的成績總是C或D。我輔導過許多像凱斯這種孩子的沮喪父母。幸運的是，在凱斯的例子中，本書的方法幫他能更專心，也減少了他注意力不集中的問題。

極度偏差（oppositional defiant disorder）是另一個導致孩子注意力不集中的問題。當孩子「念頭突然一轉」並表現出偏差行為時就會分心。我的另一部著作《十天內，孩子不再是小霸王》，對於正為此所苦的父母提供很實用的計畫。

❶有過度壓力

許多並未被診斷出有嚴重心理或生理問題的孩子，可能會因為在環境中感受到壓力而注意力不集中。心愛的人死去、離婚、搬家、新孩子的到來，都是造成孩子注意力不集中的壓力來源。我見過一個排滿了各種活動的孩子，被試圖趕上課業進度、課外運動、宗教活動及社區活動等壓力給擊垮。有時太多太好的事物也可能會導致過度壓力。

❷沉迷於電子媒體

研究顯示，美國的孩童每天花八個半小時看電視、打電動、玩電腦及其它媒體——而且是同時這麼做。這個問題在三年級之後尤其嚴重，因為愈發困難的課業需要他們更專心。我們也別忘了還有打電話、電腦即時通及手機簡訊。今天這個問題與幾年前的不同之處，在於電動玩具與電視入侵孩子臥房的情況於今尤烈。

許多孩子似乎都沉迷於媒體。困惑的父母很難理解為何孩子在深為注意力不集中所苦之際，卻能坐在電視機前面不動幾個小時。很顯然的，電視及電腦螢幕生氣盎然、刺激性的聲音與畫面，較諸老師講課時單調的聲音，或是媽媽要求幫忙洗碗的聲音，對他們來說更為刺激。

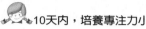

遺憾的是，電視、電腦與這類電子產品，會妨礙孩子控制注意力不集中的能力。對大部分的孩子來說，他們不可能在看電視或聽最喜愛的歌曲之際，又能專心做功課。

話先說在前頭，我發現在某些例子中，有些孩子可以從背景聲音，像是電視或音樂中得到益處。對這些孩子來說，背景聲音提供了一個舒緩、冷靜的存在，在孩子需要時能增加、而不損害其集中注意力的能力（例如在他們做功課時）。雖然背景音樂對孩子有效果，但請確保他們最喜歡的電視節目或音樂，無法與必須集中注意力的其它事物相抗衡。

親子之間關於看電視的權力鬥爭，只會增加孩子對「傻瓜盒子」（註）的渴望。我提倡冷靜、堅定、不控制的教養哲學，並建議父母不要奪走不專心孩子的媒體，而是要教他們如何做正確的選擇（欲知更多訊息，請見「第五天」關於冷靜、堅定、不控制的內容，見135頁）。

十歲巴柏的父母冷靜但肯定地立下規定，那就是上學日不可以看電視，而周末只可以看一個鐘頭。雖然巴柏偶爾在周末早上七點起床時，會趁著爸媽還在睡覺偷看卡通片，但大部分時候，這個規定仍然奏效。

註：idiot box，電視機的俗稱。

請家長們先喘口氣吧！

所有注意力不集中的診斷分類及症狀，都可能會讓人感到不知所措，所以現在請你花點時間喘口氣吧。（注意，我將在「第七天」中提出更多相關症狀）。此刻你只要記住，你的孩子是個活生生會呼吸、但只是恰好無法被這些疾病所分類的人。因為造成注意力不集中的原因有太多種可能性，而且沒有何任一種單一評估過程可確定孩子是否有問題，因此要瞭解孩子是否注意力不集中可能十分困難。但很棒的是，透過這個十天計畫的工具與策略來瞭解孩子注意力不集中的問題——不論是什麼原因讓他分心，將會對他很有幫助。你將會擁有意想不到的能力，可以更有效地幫他處理這個問題。

把注意力從孩子身上轉移開來

顯然教養身為注意力不集中所苦的孩子，對任何父母來說都是個沉重的負擔。我在輔導過程中見過太多不知所措的父母。下一段將提供給正在照顧注意力不集中孩子需求的你一些指導，告訴你該如何照顧自己。

教養注意力不集中的孩子，可能會妨礙你把注意力放在自己及其他家人身上。

⊙你可能曾經產生過下列某些感覺或全部感覺。如果你認爲自己有這種感覺的話，請在□中打勾。

□你正爲了該如何盡力幫助孩子，或乾脆放手不管而掙扎不已。

□你很難斷定孩子是不能、還是不願意集中注意力。

□你爲自己對孩子沒耐性而感到自責。

□你認爲自己是失敗的父母。

□你試圖讓自己不要擔心，但卻發現自己陷於與孩子注意力不集中相關的問題而無法自拔。

□你感到筋疲力盡。

□你感到很孤單。

□孩子因注意力不集中而耗盡了整個家庭的時間與精力，讓你怨恨不已。

做些改變來幫助孩子

注意力不集中會降低孩子的學習動機，因為對他們來說，試圖專心真的很困難。許多有注意力不集中傾向的孩子不願參與討論或談話，因為過去的經驗告訴他們，他們無法掌握許多重點，而他們不想讓自己看起來很笨。你必須要知道你對孩子的同理心，以及自己深陷負面情緒是兩碼子事。

讓孩子能擁有更好生活的第一步，就是你必須瞭解到，你已為增加他的學習動機而做了夠多夠棒的事情了。你愈是為自己付出的努力而感覺良好，就會愈有能力幫助孩子。

認識什麼是正面行為

為了讓你不再因為孩子注意力不集中而責怪自己，並更能掌控情況，請想想自己曾為孩子做了些什麼正面行為。

⊙請閱讀下面列出的各種正面積極行爲，並在你做過的行爲旁邊打勾。

□讚美他　□抱他　□讚美他的正面行爲

□協助他做功課　□參加家長會　□買上學需要的文具

□對他說「我愛你」　□跟孩子討論學校重要事項　□給他選擇性且適當的鼓勵

□跟孩子的老師連絡，討論學校重要事項

這裡只列出了一部分你為支持孩子所採取的正面行為。我希望你對自己的作為感到滿意。雖然這些行為本身並無法減少孩子的問題，但卻會對你在使用這個計畫的各種策略時有所幫助。

認識什麼是負面行為

這是個必要、但不怎麼愉快的練習。當你發現自己會做出下列讓孩子注意力更不集中的行為時，請記住，沒有一個父母是完美的。

這份清單可讓你快速瞭解到，負面行為會產生多大的麻煩。準此，你必須要辨認出哪些是你會做的負面行為，如此才能更牢記在心。在「第三天」中我會進一步告訴你什麼是負面的教養行為，並教你如何與注意力不集中的孩子有更好的互動。

⊙請閱讀下面列出的各種負面消極行爲，並在你做過的行爲旁邊打勾。

- □對他咆哮
- □表現出沒耐心的樣子
- □忽略孩子的感受
- □不切實際的期待
- □諷刺他
- □嘮叨
- □嘲笑他
- □打斷他說話
- □打他
- □忽視他
- □對他說教
- □威脅他
- □羞辱他
- □讓他失望
- □批評他
- □否定他的感受
- □對他說謊，或是對於有關他的事沒說實話

❶嘮叨：父母經常對注意力不集中的孩子嘮嘮叨叨。十一歲的依麗莎白在做功課時很沒條理、健忘、並容易分心。而她的媽媽、身為公司經理的吉兒卻擁有絕佳的專注力與組織力。吉兒試圖在家裡拚命對女兒嘮叨、督促她做完該做的事來解決依麗莎白的問題，但卻適得其反。我同時輔導這母女倆。當吉兒不再嘮叨後，依麗莎白竟變得更願意讓媽媽協助有條理地做功課了。

❷預測孩子的失敗而感到丟臉：傷心欲絕且不知所措的父母，往往會對孩子說些很消極的話，像是「除非你開始專心一點，否則最後你會死在街上。」這種方法只會讓孩子更洩氣，而無法培養他們的學習動機。

❸忽視問題：朱麗亞十二歲的兒子依恩在標準評量測驗拿到百分之九十九的複合分數，而且他從幼稚園以來就是資優班的學生。然而他們家卻因為依恩「持續的注意力不集中」而陷入混亂。朱麗亞在剛開學的前兩季都忽視這個問題，因為她「討厭且厭倦了嘮叨」。過去朱麗亞與依恩曾去找過心理顧問，對方告訴朱麗亞必須停止對依恩行為的嘮叨，並且要讓他失敗——因為他需要學會自己負責任。由於依恩無法專心，並發現光憑著智商不足以支撐自己，於是成績開始一落千丈。當朱麗亞再度專注於依恩的事，並使用這個計畫的各種策略後，依恩的情況產生了戲劇性的轉變。

❹咆哮：對著孩子咆哮只會減低他的學習動機。我的近作《十天內，孩子不再是小霸王》提供了二十五個方法來幫助父母不再咆哮。這些方法包括使用活潑的傾聽技巧、瞭解自己的憤怒是種信號，以表現出建設性行為來取代毀滅性行為；對孩子的指示要前後一致且明確（這點對有注意力不集中傾向的孩子來說非常重要）以及調整自己對孩子的期望。對孩子咆哮只會讓他更容易分心，並損害他好不容易才建立起來的自信心。

❺威脅：父母常誤以為可以用威脅來激勵孩子。但如此只會造成巨大的災難。威脅注意力不集中的孩子只會使他變得更疏離，而且等於是鼓勵他說謊，並做出其它逃避的行為。

❻教訓：記住，如果孩子知道怎樣可以較不分心，便可以自行解決這個問題。不要為了他為何該更專心、或一再強調專心的重要性而教訓他——因為他不是一開始就選擇要不專心。

❼忽略孩子的感受：正如我在第二天將提到的，注意力不集中的孩子常被人嚴重地誤解。洋蔥有許多層外衣，孩子也是如此。孩子可能會對自己注意力不集中的毛病表現得若無其事，然而一旦你揭開他們否認的幾層外衣後，大部分孩子都對自己非常沒有自信，而且會為了注意力不集中的問題而憂慮。只是父母經常忽略了這點。

❽動手打孩子：許多研究顯示，像是動手打孩子、或賞他巴掌之類的體罰一點都沒效。注意力不集中的孩子不是自己選擇要如此，所以動手打他們只會釀成悲劇。體罰只會羞辱孩子，讓他們感到洩氣，且讓他們覺得自己很壞。這等於是在告訴孩子，暴力行為是可以被接受的，如此不但會剝奪了他們的自信，還會引發更多身體上的侵犯。如果過去你動手打過孩子，現在也不必海扁自己一頓。沒有一個人是完美的。然而我強烈地建議你，從今以後別再體罰孩子了。你應該用這計畫所提供的工具來取代體罰，以降低孩子注意力不集中的程度，並與他建立起正面的關係。

孩子急切地需要你的協助來克服注意力不集中的問題，且其急切的程度遠超過他願意承認的程度。注意力不集中的孩子必須知道，有些很有效的方法可以讓他改善自己不專心的程度，以彌補注意力不集中的問題。

這個十天計畫很有效，因為我不只會教你該如何做，也會告訴你該如何打造出正確的相關條件。如果你認真採納我的建議，孩子注意力不集中的程度將會減少，而且也會更把注意力放在好好照顧自己上面。

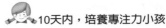

第一天的總結

今天你已經學到很多為何孩子注意力會不集中的原因。你業已展開一個非常有效的十天計畫，它可以減少孩子注意力不集中的程度，而且會對他的人生產生驚人的改變。在你往前邁進之前，請記住以下幾個重點：

- 任何一個單一因素不會造成注意力不集中。
- 注意力不集中的孩子並不懶惰。不論他是否完全符合ADHD或其它精神方面的疾病，你必須採取行動來幫他減少注意力不集中的傾向。
- 一般來說，不論造成孩子注意力不集中是什麼原因，或是他表現出這個症狀的程度為何，這個十天計畫的策略適用於所有注意力不集中的孩子。
- 你教養與激勵孩子的方式，對解決孩子的問題有很大的影響。
- 珍視自己的價值與所付出的努力。這會讓孩子起而仿效之。

第2天 真正瞭解注意力不集中的孩子

——22個瞭解注意力不集中孩子的方法

為了幫助孩子克服注意力不集中的問題，你必須真正瞭解他的每天的生活正在為何所苦。在「第一天」裡，我強調造成孩子的注意力不集中，有一個（或好幾個）原因。今天我要把重點放在讓你能透過孩子的眼光看世界。在這天的最後，你將會發現孩子是有正當的理由而產生這個問題，並且必須設法解決；而且他不是有意讓自己那麼容易分心的。

大部分的父母都認為，注意力不集中是孩子自己能掌控的問題，因此常用洩氣或生氣的語氣對孩子說話。這似乎很有道理——如果你認為他們是故意違抗你的話，當然會洩氣或生氣。我自己有個注意力不集中的孩子（老是忘了帶功課回家），而我也因自己常用憤怒的口吻對他說話而深受折磨。然而我發現，當你這麼做了以後，那種為了這件事而感受到的挫折，會完全毀掉了你想要鼓勵與激勵孩子的意圖。如果你表現出生氣或憤怒的行為，孩子也會對你的情緒做出負面反應，而無法積極接受你的建議。

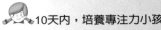

今天你將透過學習並瞭解孩子的想法及觀點，為他的人生創造出驚人正面的改變。這聽起來好像很簡單，不過相信我，你需要訓練及技巧方能跳脫挫折感及負面情緒。這世上所有的努力都無法幫助孩子減少他注意力不集中的程度，除非你瞭解問題所在。

孩子覺得自己被誤解

你愈是瞭解孩子在日常生活中為了什麼問題而奮戰，就會愈有力量幫他克服這種處境。許多年前，有位同事跟我說了個很棒的譬喻，說明注意力不集中的痛苦是什麼。同為注意力不集中所苦的我很喜歡這個譬喻。想像一個交通警察在事故現場指揮交通，如果他無法持續有效地集中注意力的話，結果會怎麼樣？會發生更多交通事故。同樣地，在注意力不集中孩子的腦裡，由於現場指揮不當，於是快速且不當的想法會頻繁地在腦海裡造成衝突。

注意力不集中的孩子常覺得自己被他人誤解的很深，但他們也並不瞭解自己。他們不知道自己為何心不在焉，也不知該如何彌補自己的缺點。所以當父母、老師或其它人強烈要求他們要專心時，他們很自然會覺得自己腦袋簡直快爆炸了。瞭解注意力不集中的孩子最有效的方法，就是透過這個十天計畫的策略。事實上，瞭解孩子這件事本身就是個很有用的策略。孩子愈能感受到你願意從他的角度看事情，那麼他跟你在一起時就會愈開放而坦白。

注意力不集中的孩子常見的症狀

現在你知道今天我們的主要目的，是要提高你對注意力不集中孩子所面對的困難的知覺與理解。以下是孩子在日常生活中常見的困難，以及父母或老師能如何有效幫助他們克服問題的簡述。隨著這個計畫一天天的開展，我會提供你更多策略與建議來對付注意力不集中的問題。當你在閱讀以下問題時，請記得它們是如何摧毀了孩子的學習動機及精神。

容易分心

這是個很明顯的問題，且讓我們真正仔細地審視一番。有注意力不集中傾向的孩子常被從四面八方而來的想法與訊號所擊垮。舉例來說，當一個注意力不集中的孩子在擁擠的房間裡與某個人談話時，常會察覺到那個區域所有其他人的對話——他的腦袋會同時接收到房間裡其它所有刺激來源，即使那些刺激之間毫不相關。他不只無法專注於自己與他人的對話，很可能會被朋友與家人誤以為愛多管閒事。他可能會「說出」違背自己意願的話，更糟糕的是，他還會為此而被別人誤解。

當注意力不集中的孩子無法從沒有關連的話題中分辨關連性時，會感到很無助。這會讓他們無法參與、或理解與別人的對話。因此，瞭解他們的無助是很重要的，因為它會徹底降低孩子的自我價值，並讓他逃避必須面對的困難與責任。

十五歲的珍妮絲是我的病人，他爸爸羅伯對女兒注意力不集中的問題感到既困惑又難過。羅伯一開始來找我時曾跟我抱怨說，珍妮絲常在做某件重要的事（例如做功課）做到一半，卻突然跑去做其它事。例如，她會不做功課而跑去跟朋友講電話。羅伯（全職單親爸爸）與珍妮絲的關係因此變得很緊張。毫不令人意外的是，珍妮絲對注意力無法集中的問題感到沮喪、難過與生氣。但是她也以憤怒來回應爸爸強烈的負面行為。所幸有一次羅伯跟我談過以後，便更加瞭解珍妮絲的狀況了，他發現珍妮絲的所做所為在注意力不集中的孩子身上極為常見，同時也更能理解珍妮絲的苦處。這對解決珍妮絲注意力不集中的問題來說是極其重要的第一步。

集中注意力的時間很短（但並不總是如此）

根據目前你所讀到的內容，你對注意力不集中的孩子完全無法長時間將注意力放在某件事情、而心思總是會飄到其它事情已經不會太驚訝了。然而，讓父母與老師感到困擾的是，孩子在某些時候卻會表現出很專心的樣子。在某些例子中，注意力不集中的孩子可能會發現自己竟然可以幾個小時專注於某件事情，而且在這件事做完之前，可以完全不用休息、或是跑去做其它事。正如我在第一天的行為表格（見第21頁）中提到的，當注意力不集中的孩子覺得某些事情特別有趣時，是可以非常專心的。簡言之，通常他們的注意力很極端，不是大好就是大壞，不可能有什麼灰色地帶。

做事沒有條理

注意力不集中的孩子做事情總是沒有條理。他們房間經常亂七八糟，而且更糟的是生活環境中的混亂，會使得他們注意力不集中的情況益形惡化。對於苦惱的父母而言，這種混亂的惡性循環會成為孩子活生生的夢魘。

對注意力非常不集中的孩子來說，他們要費盡力氣才能開始清理自己房間，而一旦著手整理，房間就會再度變成災難現場。因為他們對於日常生活中井井有條的要求完全束手無策。關心的父母總是一而再、再而三地告訴他們說：「只要把東西放在它們應該放的地方」，這樣房間看起來就不會那麼亂了。但問題是通常注意力不集中的孩子不知道什麼東西該放在哪裡，或是該如何處置自己手上的東西。他們會把打理房間視為艱難的任務，而這種感覺會讓他們不知所措。

就像其他許多注意力不集中的人一樣，我發現自己在做某件事時，常會突然想到該去做其它某件該做的事。這件事有如尖叫般吸引我的注意，所以我必須離開手邊正在做的事，心想可以等一下再做。有時是電話鈴聲、或是有人來敲門，然後我就忘了原來手邊正在做什麼。這樣很不好，特別是當我原本該做的事是去接孩子（好在這種事還沒發生過——還沒有。然而你可以想像，我自己正爲注意力不集中所苦，而卻在寫一本如何自救的書，是有點好笑，也有點諷刺。）

我建議你幫孩子開始整理他的房間，整理他的書包，或是清理他的書桌。你啟發孩子做事情更有條理的意願，會讓他因事物變得井然有序而感覺很棒。協助孩子幫助他自己，要比讓他被自己的遲鈍所擊垮要好多了。

常喪失時間感

我見過許多注意力不集中的孩子沒有時間感。他們通常要等到最後一分鐘才會準備好。他們總是遲到，而且對完成某項任務或計畫需要花多少時間完全沒有概念。就像東尼，十三歲的山姆的爸爸，他發現自己為了得不斷催促孩子快一點，而幾乎要沮喪地捉狂了。東尼就像其它許多洩氣的父母一樣，他說服自己說山姆只是很叛逆，而不是故意不專心。

自從有一次我幫東尼不再誤將山姆的沒有時間感視為叛逆之後，才開始有辦法讓情況好轉。當東尼與山姆不再產生口角之後，山姆便有了足夠的安全感，同時也能表達出自己的想法。山姆問爸爸說，如果他很努力注意自己在時間方面的問題，爸爸是否願意帶他到最喜歡的貝果店吃早餐作為獎勵。東尼答應他一個星期可以帶他去兩次（每星期二跟星期五）。雖然山姆的問題並未完全消失，但他早上的時間管理技巧卻大有進步，而且也覺得爸爸更瞭解他了。

無法遵從指示

我還記得自己曾試著做過許多「組裝式」的東西，然後誤信自己的直覺，完全不顧那些包得緊緊的桌子、椅子、或任何該擺放在某個位置的物件說明（然後最後總會弄錯位置）。我不只是無法遵從指示，也記不住一開始到底是怎麼裝的！

注意力不集中的孩子常被誤解是行為偏差，因為他們總是不聽話。但實情是許多注意力不集中的孩子無法聽話。他們無法用「正確的方式」做事（歸咎於注意力不集中），讓他們感到極度沮喪，而且再次覺得自己被誤解。

有一點很重要的是，注意力不集中的孩子無法瞭解指示，或是會匆促動手而忽略指示裡的細節。許多孩子在學校得到任何指示後，就像是隻被車燈照到的鹿一樣，頓時會呆若木雞，不知作何反應。我記得自己曾幫助一名老師的十歲學生荷西，讓他能使用更簡單的策略來解決無法遵從指示的問題。當荷西聽到多重性指示，像是「請坐下，拿出你的筆跟尺，然後打開數學講義」時就會分心。為了改善這個情況，老師會站在離他近一點的地方，然後以低聲、再確認的態度對他重說一次。**能夠表現出耐心與理解的老師，對注意力不集中的學生有非常大的幫助。**

容易感到挫折與沒耐性

大部分的人只會偶爾感到挫折。但這對注意力不集中的孩子而言卻是家常便飯。他們經常無法做到自認做得到的事。我知道許多這類孩子嘴巴上能描述該如何做功課，但實際上卻做不到。例如他們或許能確切告訴你如何安排自己的功課，但即使如此，他們還是需要爸媽幫忙做。這類的挫折感提醒了他們自己過去的失敗，也會造成他們憤怒與退縮的傾向。

注意力不集中的孩子發現自己沒耐性，因為他們需要刺激，也因為他們非常想做些自己做不到的事。當九歲的席琳告訴我自己陷入兩難時，她難過得哭了。在席琳的案例中，她因為注意力不集中而跟不上舞蹈課的進度。她的同學、甚至是教練都認為她很笨拙、過於情緒化與不成熟。席琳的爸媽帶她到另一間舞蹈學校，那裡的老師更有同理心，也讓席琳再度生氣蓬勃了起來。這麼做或許並無法讓席琳變成一名職業的舞者，但至少她發現了一個支持她的環境，而能讓她在跳舞時有所進步並得到樂趣。

常將事情延遲或不做

注意力不集中的孩子很害怕自己無法把事情「做對」，所以常會拖著不做，但如此只會讓他們感到更大的壓力。我曾協助莫妮卡與她的先生大衛幫他們十二歲的兒子喬伊解決這個問題。莫妮卡與大衛愈來愈能瞭解，究竟喬伊在面對新挑戰時會經歷什麼樣的痛苦。在我指導他們該如何教喬伊把困難的功課切割成一個一個小部分之後，喬伊的情況開始好轉。例如他們不再教訓或是告訴喬伊說，他們要負責養家活口有多麼難。同時他們也向喬伊示範了如何讓報告寫得更有條理，以及如何適時完成課業，以免「付出遲交的代價」。

無法同時完成多種任務

在這個步調快速的世界裡，能同時完成多種任務常被視為是種優點。然而對注意力不集中的孩子來說，同時進行數個活動或計畫可能會帶來災難。邦妮因為有很多次都無法完成計畫，所以我開始輔導她。她淚眼汪汪地告訴我說，她對於自己同時得參與那麼多活動感到好惶惑。她不斷來來回回一下子做作業，一下子做教會的青年團計畫，到頭來兩邊都沒做完。我幫邦妮與她父母設計了一套雙方都同意的行程表（包括雙方都同意的休息時間）。一旦邦妮開始可以在比較短而集中的時間內完成某件事情，就代表是有所進步。而邦妮的父母「冷靜、堅定、不掌控」的態度，也讓邦妮的情況變得更好。

正如邦妮的案例，同時做太多件事會讓注意力不集中孩子感到混淆與迷惘。除非你告訴他還有其它的做事方法，否則他會不知該如何進行，而遠遠地落於人後。

忍受手眼不協調之苦

許多注意力不集中的孩子很容易有手眼不協調的問題。別人常告訴他們說，只要不斷練習與嘗試就能克服不協調的毛病。但遺憾的是，無論他們多努力想做些動作取向的工作，但對他們來說還是很困難。這類孩子多半都無法打籃球或網球，因為這都是些需要高度專注力與手眼協調的運動。他們也常是同學不願意挑選的運動搭檔。有些注意力不集中的孩子可能也會有撞牆或撞門的傾向。

說話常不加思索，脫口而出

當我還是個青少年時，我媽常對我說：「傑夫，請你說話時考慮一下時間跟地點」。這是她對我愛的提醒，好讓我忍住不加思索想要說話或是那時我以為我需要說話的衝動。注意力不集中的孩子常因一時興起而衝動。他們只要心裡浮現某個念頭，就像是一陣又猛又急的大水衝垮了水壩，相信這些想法就應該要立刻說出來。

究其原因，可能是因為他們知道自己若不馬上說出來的話，待會兒可能就會忘了。除非他們學會適當的對話技巧，否則這個問題會對他們造成很大的麻煩。對他們來說，控制自己的衝動，同時能傾聽同學、父母、老師及其他人說話是很重要的。

常有行為衝動的表現

有些注意力不集中的孩子經常很衝動。這種衝動可能是前面所提到的言語上的衝動，但也可能是行為上的衝動。舉例來說，這類青少年可能會因衝動而亂花錢。注意力不集中的問題讓他們在看到東西時，對於到底是自己想要或需要會感到混亂而迷惑。在他們心裡，他們需要每一樣東西。

為了幫孩子解決衝的困擾，你應該冷靜地鼓勵他表達出自己的感受。例如說出他對某個厲聲斥責他女孩的憤怒，或許能減少他嚴厲反擊的衝動。告訴孩子說，在做出衝動行為的那一刻可能覺得很棒，但卻只會讓他有更少的選擇，而他日後的感覺會比當下更糟。

不斷尋求更多刺激

在經過多年輔導注意力不集中的孩子之後，我發現他們心裡像是有許多暴風。他們總是在尋找更新、更令人興奮的事物，努力尋找更多的刺激，以符合或強過他們內心暴風的強度，即使他們並不常找到這種東西。這表示注意力不集中的孩子很容易感到無聊，因為他們無法對較不具刺激性的事物或環境感興趣。這會讓他們在家裡或學校出問題。十二歲的卡爾被送到我這裡，因為他對老師說：「×你媽的」。卡爾非常急切想得到別人的注意，而這回卻因想要別人注意到他，而讓他被叫到校長室去，還必須向老師道歉。

當你告訴孩子該如何面對無聊的事情時，建議他先深呼吸一口氣，數到十，想像某件令他開心的事，像是在舞蹈課學到新舞步。一旦這個策略可以減少注意力不集中的程度，就絕對能讓他緩和下來；同時也能用更有建設性的方式把注意力放在相關且重要的事情之上。

受到成癮行為的誘惑

追求刺激的欲望與成癮行為，往往是一體兩面。我並不是在嚇你，或是在暗示你那注意力不集中的孩子絕對會嗑藥。事實上，像你這類的父母已經很努力在減少這件事發生在孩子身上的可能性了。同時，注意力不集中的青少年很容易感受到來自同學、學校及家庭要求與期待的高度壓力。為了緩和自己的心情，他可能會透過成癮行為來紓發壓力，像是酒精、毒品、吃東西、賭博、過度工作、血拼、談性愛、與朋友互相依賴。剛開始時，成癮行為可能只是為了解決成績不好、自我懷疑、自信心低落、沮喪等情緒的解決途徑，但成癮行為會日益加劇而無法控制。用我的病人、十七歲的安德魯的話來說，就是「情緒很High能讓我面對所有亂七八糟的事，但是後來我卻發現，這樣只會讓事情變得更糟。」

注意力不集中的青少年常被貼上懶惰、沒有學習動機或破壞份子的標籤。還記得前面我曾提過不具建設性的「懶惰」標籤嗎？很令人難過的是，見過許多父母及老師認都為注意力不集中的孩子忽略了自己顯而易見的才華與能力，所以成績才會不理想。這又是另一個因誤解而錯失幫助孩子良機的例子。讓孩子把話說出來，讓他心情緩和下來，要比為了逃避而沉溺在藥癮中更重要。

被睡眠障礙困擾

許多注意力不集中的孩子即使到了晚上也無法停止思考。他們腦子裡充滿了思想的暴風，怎麼樣也止不住。他們會嘗試許多不同的方法好讓自己入睡。有些孩子會讓自己晃到睡著。曾經有個小孩告訴我說，他會在床上翻筋斗，讓身心都累到不行才能睡著。在我有關兒童的研究報告中指出，這類孩子會自己編故事，然後告訴自己要睡著。不幸的是，缺乏睡眠會導致注意力不集中的孩子第二天很沒勁兒。

為了減少睡眠障礙，你必須確定孩子每天晚上有固定的上床時間及活動。如果孩子的睡眠障礙愈來愈嚴重或難以控制時，你可以請教他的醫師，看看他是否患有嚴重的睡眠障礙。

作事沒有彈性或容易抗拒

注意力不集中的孩子常表現出很沒彈性或抗拒的行為。生活中任何的變化常會造成他情緒方面的混亂。例如，我見過一個注意力不集中的孩子在爸媽剛離婚的那段時間，對於自己從一間房子搬到另一間房子很不適應。至於其它嚴重的變化問題，則可能包括了轉學或搬家。

注意力不集中的孩子在面對改變時，若是沒有人事先警告他的話，會產生情緒短路（如感到有壓力時）的現象。當他因突如其來的變化而被擊垮時，經常會不由自主地感到緊張。你愈能在事前告訴孩子即將發生改變而讓他有所準備，他就會愈能適應。

有短期的記憶障礙

注意力不集中孩子的腦袋裡充滿了各式各樣的指示，讓他無法記住在做完某件事後必須立刻進行哪件事。艾利西亞是我一位十四歲的病人，她為了學校的事來找我。在跟她談話的過程中，我發現她記憶力方面的問題不只影響到學校生活，也影響了家庭生活。艾利西亞發現自己無法回答一些問題，像是：我刷過牙了沒有？我洗過頭沒有？我有沒有把藥帶在身上？我關燈了沒有？我鎖門了沒有？

我發現列一份清單，可讓有注意力不集中傾向的孩子能更清楚記住事情。

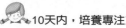

缺乏自我觀察的能力

注意力不集中的孩子缺乏自我觀察的能力。他們無法精確地評估自己的所作所為會對他人造成什麼影響。缺乏自我觀察能力，也會造成情緒智商（Emotional Intelligence）的低落。情緒智商指的是孩子或青少年控制衝動、延緩滿足、激勵自我、瞭解自己感受、瞭解他人的社交暗示及處理人生高低潮的能力。缺乏情緒智商絕對會讓注意力不集中孩子很沒自信。

注意力不集中的孩子會長期沒有自信

通常注意力不集中的孩子會產生自信心低落的的問題。他們之所以會自信心低落，肇因於長年聽到別人對他們極為負面的評價。他們的同學或大人會告訴他們說，他們是別人的負擔，跟別人很不一樣，是個失敗者，就某種程度而言很懶惰，無趣、笨拙、幼稚、愚蠢、成績不好、怪異。這都不是些什麼令人開心、或是能建立自信心的評價。而這些孩子最後真的會相信自己具有這些不好的特質。當別人給予他們如此負面的評價之後，他們可能得花上好些年才能改變對自己的看法。

諷刺的是，許多注意力不集中的孩子都非常有成就，雖然他們自己並不認為如此。我對許多這類孩子竟擁有高度的藝術與音樂天分而感到十分驚訝。但無論我如何真誠而熱情地稱讚他們，大部分孩子在持續接受我的諮商之前，都覺得自己的才華根本就無足輕重。

低落的自信心常讓孩子得到憂鬱症。他們自認已失敗太多次，所以非常害怕再次嘗到失敗的滋味。他們也害怕承擔風險，以及可能讓自己置身被人嘲笑的處境。這些都會造成他們在社交方面的退縮。

孩子在社交方面的退縮

自信心低落會造成孩子在社交方面的退縮。許多有注意力不集中傾向的孩子不願參與別人的討論或談話。因為經驗告訴他們自己常會「搞不清楚狀況」，而他們不想在別人面前顯得很笨拙。

戴博拉十七歲時仍有不專心與行為不恰當的問題。她已經跟注意力不集中的問題奮戰了好多年。我還記得在某次輔導過程中她告訴我，有一回爸媽晚上帶她去餐廳慶祝十歲生日時她有多麼尷尬。當時有位女侍亮紫色的頭髮讓她看傻了眼，一直到媽媽罵了她三次後，她才記得要點餐。可是在她還來不及阻止自己之前，她嘴裡的話便脫口而出：「妳頭髮染得好恐怖喔！」

戴博拉在小學及初中時是個安靜而合作的學生，但經常愛做白日夢。她很聰明，但無論有多麼努力嘗試，成績仍然無法好轉。她有好幾次考不及格。即使她知道大部分試題的答案，但在考試時卻無法專心。一開始時，爸媽為了她成績不好而取消她的特權並責罵她。「妳只是太懶惰了。只要妳願意努力，成績就會更好。」但是戴博拉放棄了努力。

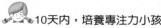

有一次戴博拉在考砸了某個學科之後，老師發現她正在啜泣，便問她說：「妳到底是怎麼了？」幸運的是，這讓戴博拉開始接受ADHD的檢查、診斷與治療，給了她最迫切需要的協助。儘管如此，多年來為此奮力的掙扎，仍然對她的自信心留下不可抹滅的創傷。

利用創造力來增加自信心

許多父母及老師都會對注意力不集中孩子的創意而感到驚訝，即使他們是在一片雜亂無章之中發揮了創意。雖然這點尚未經證實，不過根據許多研究顯示，注意力不集中的孩子在創意力評量中得到很高的分數。

與「古里古怪」這種刻板印象相左的是，注意力不集中的孩子經常很聰明。在某些案例中，他們或許不被歸類於「書蟲」，但卻在其它方面表現出聰明才智，像是對空間感的洞察力。有一點很重要，那就是你必須讚美孩子這方面的能力。接下來在這個計畫中（「第八天」），你將會學到如何利用正增強來培養孩子正面的素質，以增進他們的自信心。

6個讓你無法瞭解孩子的障礙

截至目前為止，你已經對注意力不集中如何影響孩子、你、及老師有充分的瞭解了。對於他們心裡到底怎麼想，我也分享了不少。今天你的目標是開放且誠實地面對孩子的困難，避免讓他們持續感到挫折與負面情緒。因此，你必須放棄用一般的方式來理解孩子的問題（像是把問題歸咎於懶惰或漠不關心）。現在讓我們好好審視一下，到底是哪些常見的障礙，使得你無法瞭解你的孩子。

❶為了孩子的問題而自責

父母常因為孩子的問題而不當地責怪自己，尤其是注意力不集中孩子的父母。這樣會對自己及孩子都造成極為負面的影響。

我常非常驚訝地從父母那裡聽說，他們會因為孩子有不專心的問題，而被心理專家或教育專家責備。我有一群很棒的同事，我希望這種情況不曾發生過。我相信大部分注意力不集中孩子的父母都會對別人之於孩子的反應特別敏感。因此，有些父母可能是誤解了他人的反應，並覺得自己被責怪了——即使別人並沒有這個意思。我認為任何人（特別是專業人士）因為孩子注意力不集中而責怪父母，都是非常嚴重的無知。而認為該為此而感到自責的父母，是在浪費可以花在幫忙孩子的寶貴時間和精力。

❷將孩子的注意力不集中與對學習不感興趣混淆

許多苦惱的父母與筋疲力竭的老師常誤以為注意力不集中的孩子「對任何事都不感興趣」。這是個非常錯誤的觀念。我還沒見過任何一個注意力不集中的孩子對學習新事物不感興趣。就算有些孩子可能表現出不喜歡上學的模樣。但事實上，傳統的課堂教學本來就不適合這些孩子，但這並不表示他們無法經由其它方式的學習而得到激勵。

為了肩負起瞭解孩子的責任，你必須記住他在學習方面的困難是肇因於注意力不集中。你愈是清楚瞭解這個問題對孩子學校生活所造成的影響，就愈能站在他的立場為他設想。舉例來說，有些孩子可能在上課時無法專心，或是不記得寫回家功課。有些孩子可能在某些科目表現還不錯，但其它科目卻表現不好。我將在「第四天」更進一步討論與學校相關的議題。

❸相信透過處罰能解決孩子注意力不集中的問題

很遺憾的是，許多父母與心理衛生專家仍然相信，只要好好打孩子一頓屁股，就可以讓他們更專心。不過教訓你的孩子是一回事，處罰他則是另外一回事。教訓意謂著教導，而處罰則是直接給予負面的後果——這兩者顯然有極大差異。任何一位看過《十天內，孩子不再是小霸王》的人都知道，我支持教訓而遠勝過處罰。

有研究顯示，事實上有許多ADHD孩子的父母比其他孩子的父母使用更嚴格的教訓手段。我知道注意力不集中的孩子可以突破許多限制，所以請你打從心裡就決定以教訓來取代處罰，這會讓你能與孩子更親近。

請你記住要懂得分辨什麼是孩子做不到的事，什麼是他不想做的事。為了孩子無法控制某件事而處罰他是很殘忍的事。注意力不集中的孩子並不喜歡惹麻煩，而且我敢跟你保證，根據我看過的孩子們的眼淚，他們絕不只是為了好玩而會讓自己更不爽。若有任何人認為處罰可以治療注意力不集中顯然是被誤導。教訓會有些幫助，但處罰只會讓情況更糟。在「第八天」中，我會提供一些正增強的策略。

❹別對孩子說：「只要專心一點就好了。」

你對注意力不集中的孩子所說的最糟的一句話，就是「你只要專心一點就好了。」原因是顯而易見的。因為根據孩子的種種情況，你是在要求他做一件他做不到的事。對孩子說這句話，你所有的努力只會讓他更洩氣。這是個很重要的問題，我會在這個計畫裡花一整章的篇幅來討論。在「第三天：勿蹈『苛求孩子更專心』的陷阱」中，我會討論許多避免掉入這種毫無建設性教養模式的策略，以及教你該對孩子說些什麼。

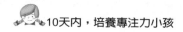

❺從孩子的角度看世界

當你老闆或同伴跟你說「這太可笑了」，或是強調他以為你很喜歡某樣東西，其實自己根本就很討厭時，你會作何感想？你可能會把原本想說的話又吞回去，因為沒有人認真看待你的感受。當父母對孩子說：「你不該這麼想」或「我真不敢相信你會這麼說」時，孩子也有同樣的感受。重要的是，你必須不再這麼說，同時在對孩子做出上述反應前，試著從他們的角度看世界。

❻認為孩子既可專心於某些事物，就不可能注意力不集中

正如我先前所提過的，有些注意力不集中的孩子無法專注於一般、無聊或重覆的工作，但卻對某些對他們來說真的很有趣的事超級專心。舉例來說，像電腦遊戲就非常能引起他們的注意力。永遠吸引力十足的電動玩具提供了一對一的刺激，而且許多情節始終會讓孩子感到興味盎然。令人心神搖晃的音效，明亮炫目的燈光，時髦豪華的控制桿及按鈕，很能吸引他們的注意力。請你記住，無論如何，注意力不集中的孩子只能對眞正讓他們感興趣的事物很專心，但這並不表示他們可以把注意力放在較不刺激的事物，像是午餐過後老師單調乏味的講課聲。

22個瞭解注意力不集中孩子的方法

這裡有二十二個很棒的方法，能讓你瞭解並接近注意力不集中的孩子。請你記住，瞭解孩子是幫助他的第一步。

❶抑制自己負面的直覺反應

如果你對孩子做出負面的直覺動作或語言反應，請試著在反應之前，先聽聽他怎麼說。如果孩子說：「我再也不要去上學了」，你不該馬上說：「可是你一定得去」，而應該說：「對你來說，上學最可怕的事是什麼？」這麼說，更能表達出你認同他的感受。

❷認同孩子的感受

我曾在《十天內，孩子不再是小霸王》中提過，瞭解你的孩子跟愛他一樣重要。這點同樣適用於教養注意力不集中的孩子。所以為了表達你對孩子的認同，或許你可以簡單說：「我很高興你讓我瞭解這點」或「我瞭解你的意思」。相信我，你的認同對孩子來說有重要的意義，而且這是他最想聽到的話。此外，如果孩子有注意力不集中的傾向，讓他表達出自己的感受，可以讓他的注意力更集中。

❸在你說「不」之前，請先想一下

注意力不集中孩子的父母常感受沉重的壓力。這種壓力常會讓他們倉促對孩子做出反應。即使你最後的答案仍是「不」，但還是請你試著說：「讓我想一想，等一下我再告訴你」。我知道你的孩子現在就想得到答案，可是放慢腳步會讓你不至於匆促驟下結論而不顧孩子的請求。如果你停下來想一想，會讓孩子覺得自己的聲音被傾聽了，因為你停下來考慮到他的想法。這也能減少親子間的權力鬥爭。此外，這種方法的額外好處是，你在孩子面前展現了一種放慢腳步的絕佳技巧。孩子愈是能夠看到你停下來考慮他的想法，他在處理事情時也就愈能採用這種方式。

❹大聲說出自己的想法

當你回應孩子的要求時，他會很高興你在考慮時想到他。我的客戶唐娜練習使用我的策略來對付十一歲兒子傑伯。當傑伯想到朋友家過夜時，唐娜就說：「我知道你想到朋友家過夜，可是你奶奶這周末來家玩時會想見你。讓我先跟她說說看。」如此會讓她壓抑住自己深感壓力的情緒，而這也是一般父母常對注意力不集中孩子的即刻反應。最後唐娜並沒讓傑伯在朋友家過夜，但她成功地讓傑伯瞭解到，他必須在周日晚餐時陪奶奶。

❺避免攻擊孩子的人格特質

如果孩子口出惡言的話，你也不該對他說：「你這個被寵壞的傢伙，竟然敢用這種口氣跟我說話！」試著像是說：「說那種話真的很不恰當」。這個方法能確保你把孩子所說的話跟他的人分別開來。正如我前面提過的，注意力不集中的孩子自信心十分低落。基於這點，你必須避免暗示他本質上就是個壞蛋，或是讓他因自己的感受而感到羞愧。

❻告訴孩子，他的行為會影響你

我建議所有父母說出自己的感受，而不要隱藏起來。事實上，冷靜地表達自己的感覺可能是最好的管教方式。誠實地表達自己的意見，能讓孩子知道你為何這麼想，以及你何時很擔心他的所做所為。例如「我對你所做的事很失望」或「你故意讓我有錯誤的想法，讓我好難過」。記住，你是在說出自己的感受讓孩子瞭解，而不是在攻擊孩子或引誘他反擊。不論孩子是否認同你的意見都沒有關係。

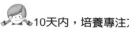

❼告訴孩子你的感受

透過說出自己的感受，能讓孩子知道你的感覺，並幫助他學習表達自己的感受。這麼做可以成功地樹立起情緒表達模式，或如親子專家約翰．哥特曼所謂的「情緒教導」（emotion coaching）。舉例來說，你可能會說：「我今天工作很不順，我覺得好難過」，或是「我對自己犯的錯感到很抱歉」。不過要注意的是，如果你花太多時間談自己的感受，孩子可能會無法承受你的情緒（或覺得很無聊）。反之，如果你從來不表達自己的感覺，孩子可能也無法適切地表達自己的感受。

❽讓孩子選擇性地使用幻想

有時開玩笑式的幻想能夠成為瞭解孩子的工具。如果他非常渴望某樣自己無法擁有的東西，建議他想像一下那樣東西並說出來。你可以問他說：「如果我們現在停車的話，你會做什麼？」或「我敢說你很希望你媽這個星期不要出差。如果她在的話，你想她會怎麼幫你克服你現在的感覺？」

❾請先問問孩子想改變什麼

若是孩子跟你抱怨某些特定的事，你可以先問問他，然後建議他做些改善。例如他說：「我討厭音樂課，因為史密斯先生好嚴厲」，首先你可以問他：「史密斯先生做過最嚴厲的事是什麼？」然後你可以再接著問他：「你希望老師怎麼做？」重點是你得瞭解如何透過談話以找出解決之道來幫他。首先，你得讓孩子發洩他的情緒，然後要他想像一下不同的場景，建議他不要把話題老是繞著問題打轉，同時也該想想該如何解決。

⑩利用幽默感——但不要犧牲孩子

我知道教養注意力不集中的孩子是很沉重的負擔。但並不是每個重要問題都必須解決。有時幽默感是最能瞭解孩子內心想法的方法。若是孩子對你咆哮，你可以說：「哇，好痛喔！」來取代「小姐，別用那種口氣跟我說話！」你不該說：「你現在就給我整理房間！」而應該說：「這裡好像正在進行一個大型化學實驗喔！我是還沒看到任何成品啦，不過大概也快了。」

為了讓事情往好的方向發展，你甚至可以建議孩子在開始做功課前，先看一齣他最喜歡的卡通片。孩子開心會降低你們的緊張關係，也能增進你對他的瞭解。

⑪說說自己在當孩子時的趣事

大部分小孩都很喜歡聽爸媽的成長故事。你可以透過訴說自己童年時發生過類似情況，來處理孩子的棘手問題。你可以告訴孩子小時候你因遲交作業而跟父母發生的麻煩。如果孩子發現你跟他一樣也是人，而且你瞭解他的痛苦掙扎，就會更安心地敞開心胸，跟你討論自己的問題。只要確定別把所有的對話都變成在談你的童年往事。如果你一天到晚說：「我知道你的感覺，讓我告訴你我以前發生過什麼」的話，只會讓孩子感到厭煩，而不會逗他開心。

⑫在提出負面評價前，先正面讚美孩子

注意力不集中的孩子已聽過太多不盡公允的批評了。在你努力成為一個瞭解與支持的父母之際，很重要的是必須盡可能地正面讚美與負面批評並用。例如若是孩子惡作劇卻搞得一團亂，你可以說：「真是太聰明、太厲害了！不過現在請你全部整理乾淨。」若是孩子帶著錯誤百出的考卷回家，你可以先針對他做對了哪些而讚美他，然後再討論他到底做錯了什麼。

⑬對孩子承認自己的錯誤

我最好的朋友常說：「世界上最完美的人都在墓園裡」。人只要還活著，就有需要改進的部分。注意力不集中的孩子特別愛聽爸媽承認自己的錯誤。你愈是會「犯錯」，愈為能為孩子建立承認錯誤的典範。此外這也能創造出同理心，讓你體會孩子的立場與感受。當你在與孩子共同努力解決問題時，你可以說：「我是不是有更好的方法來做這件事？我們是不是可以試著找出不同的做法？」

⑭對孩子用簡單、直接的方式來解決問題

與孩子保持簡短的溝通，會讓他覺得自己更被瞭解。回答一句話，要比長長的解釋更有用。孩子通常都很喜歡別人用簡單、直接的答案來解決主要問題。過於冗長的解釋，可能會讓他產生混淆或覺得很無趣。

⑮和孩子說話時要留意語氣

有時你說的話不是那個意思，但卻因為你說話的方式可能會有所影響。即使孩子有注意力方面的問題，但千萬不要以為他不會細心到注意你接近或是與他相處的方式是什麼。注意力不集中的孩子相當瞭解父母的感受是什麼。因為當他看著你並對你的語氣做出回應時，事實上根本就沒在聽你講話。

⑯從孩子的角度聽到自己的聲音

如果你覺得快要跟孩子發生衝突時，不妨問問自己：「我難道喜歡他這樣跟我說話嗎？」如果你不喜歡孩子這麼說話，你可以問你自己，「我是不是沒弄懂某件事就捉狂？」在我的第一本著作《為什麼你不懂我的心》裡，討論了夫妻相處時的警覺概念，提到在親密關係中向對方說了什麼話的重要性。在教養注意力不集中的孩子時，同樣也請你謹慎小心選擇自己所用的字眼。留心你在對孩子說話時使用的字眼，因為你對孩子用什麼字眼說話，他很可能會用同樣的字眼對你。

⑰避免對孩子作引導問題

引導問題，或是引導包括答案的問題，像是「你一點也不在乎你的功課，對不對？」、「你難道不想在出門前去換件衣服嗎？」或「你難道不知道這樣也會把我的行程搞亂嗎？」這些話都是在責怪，而不是對孩子提出問題。這是種姿態很高的跟孩子溝通的方式，而且很容易會讓他不高興，或是得到一個很簡單的「不」作為回答。而且提出這種問題根本就等於白問。如果你問孩子：「你現在最喜歡（或最不喜歡）學校裡什麼事？」就會得到真正的答案。一個真正有關學校的問題可能是：「最近你似乎為了數學作業很苦惱，你願意告訴我是怎麼回事嗎？」兩相對照之下，對於同樣問題的引導式問法則是：「你知不知道如果你一直不做功課的話，英文就要不及格了？」

⑱為親子間製造有意義的對話

無論你的孩子是學齡前兒童、或十三歲以下的孩子，善意但是一般性的問題，像是「在學校怎麼樣？」通常只會得到很簡單的答覆，例如「好」、「不好」或「還可以」。通常一般性的問題，只會讓你們的對話無法延續下去。

因此，你應該提出更明確的問題來製造親子有意義的對話。根據最近發生的事提出問題，像是問問他「西班牙文課有沒有比較容易？」提出這種問題會比較有用，因為這個問題補捉到孩子獨特的經驗，而這個經驗對他來說非常深刻，所以會讓他對你的問話有明確的回應。

⑲休息一下，聽聽孩子說話

利用明確的動作來積極吸引孩子的注意力，像是眨眨眼睛，跪下來跟孩子一般高，甚至是把頭歪到一邊，表示你正在聽他說話。這些策略也能讓你停下來真正的傾聽。當你沒空跟孩子說話時，你可以說：「我們幾分鐘以後再談，現在我事情正做到一半。」你必須確定自己沒有分心，同時在做完手上的事情後，不會忘記撥冗傾聽孩子說話。

⑳全神貫注，並重覆孩子所說的

重覆說一次你聽到孩子說什麼，並在話中帶出孩子的感受，通常會非常管用。為了向孩子表達你真的願意瞭解他，你可以說：「你希望我在你做完功課以後趕快帶你去潔西家，對不對？」或是「你今天好像很不想去學校」。這種對孩子感受做出的反應，表示你認可並瞭解他的感受。

㉑透過明確的提問以了解問題

若是孩子忘了交作業，你必須瞭解問題出在哪裡。當你保持冷靜的態度，試圖建立彼此互信的氣氛時，你可以對他說：「你可以告訴我到底發生什麼事嗎？」如果這個問題讓孩子願意多講一些，你可以問他：「老師的什麼反應讓你最難過？」第二個問題既表示你認同他的感受，也會讓他願意多說一些對這件事的感覺。孩子的話會讓你得到更多資訊，如此你才能更瞭解到底真正發生了什麼，以及他對這個狀況的想法。請你記住，重點是要保持冷靜及不掌控的態度。

㉒適時保持沉默也能幫助孩子

今天大部分的內容都集中在如何透過言語來吸引孩子的注意力，好讓他覺得被理解。請你記住，注意力不集中的孩子需要時間與空間來整理思緒，然後才能夠表達出來。但很多時候讓孩子覺得自己被理解的最好方法，就是保持沉默。

只要一個微笑，或是一個安慰拍肩的動作，就會非常具有安慰的作用。當孩子訴說自己有多痛苦時，如果你保持沉默而支持的態度，等到他準備好跟你說時，會更容易打開自己的心房。

第二天的總結

今天你已經對注意力不集中孩子的理解及其情感方面的擔憂與需求，向前邁進了一大步。你將在這個十天計畫的諸多策略中發現，你的理解對這些策略有非常大的功用。在你持續進行這個計畫之際，請記住以下幾個重點：

- 瞭解注意力不集中孩子的看法，以及你們之間的關係如何，對於認識他來說是很重要的事。
- 瞭解孩子能為他創造出安全感，讓他更信任你。
- 注意力不集中的孩子覺得自己的權力受限，而你的理解能讓他覺得自己被賦予了某些權力。
- 注意力不集中的孩子經常被誤解，而你願意瞭解孩子的承諾，對他來說是很棒的禮物。
- 你愈是瞭解你的孩子，他就會愈願意敞開胸懷讓你幫他。

第3天 不要陷入「要求孩子更專心」的陷阱

——28個讓父母不再反應過度的有效方法

凱西非常沮喪地瞪著我說：「傑夫博士，我瞭解你說的布萊恩不是自己選擇要注意力不集中，可是你就是不明白我的感受！」

我的整個心開始往下沉。基於最好不要反擊回去的原因，我建議這位母親解釋給我聽，爲什麼她認爲我不瞭解她。

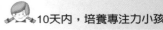

她說：「我覺得自己快要瘋了，因爲我無法停止苛求我的孩子更專心一點，而且最後我的情緒總是快要沸騰了！」

我向凱西保證，這對注意力不集中孩子的父母來說是很常見的事，此外我爲了她願意坦承無法控制自己情緒與反應而向她道謝。然後我對她說：「那麼凱西，我想妳告訴我的事，代表妳認爲你自己無法對布萊恩不反應過度？」

凱西深深歎了一口氣說：「對啦，現在你懂了吧！」

於是我對她說：「那麼你已經瞭解你控制不了自己的感覺了。聽來你跟布萊恩有同樣的感覺。布萊恩很難控制自己注意力的問題，而你也很難控制自己對這個問題的反應。」

凱西怯懦地看著我說：「好吧，我想現在我終於弄懂了，」然後她又說：「傑夫，幫幫我。我需要些方法來讓我別再對布萊恩反應過度。這就像是我無法控制自己似的。」

凱西與許多父母一樣都有著切膚之痛，他們都想助孩子一臂之力，但卻反而幫了倒忙：**對注意力不集中的孩子提出符合自己的要求，往往會導致他做出更多注意力不集中的行為**。過去二十年來，我輔導過不計其數的父母與孩子，我可以告訴你，在教養注意力不集中的孩子時掉入過度反應，以及要求不切實際的陷阱，是極為常見的事。例如當孩子似乎沒在聽你講話時，你會很自然提高嗓門，以便讓他知道你在說什麼。可是如此只會讓他更不專心。由於控制自己對孩子的反應是非常重要的事，因此這便是第三天我們所要探討的主題。

讓我們再回到凱西的例子。她「瞭解」的事實是，你真的很難不發洩憤怒的情緒。這麼多年來，在收到多次學校告知孩子在學校有嚴重問題的通知、以及處理過孩子在學校與家裡一次次的危機之後，還有誰會怪你呢？你可能已經花了一大堆時間在生氣、憤怒、傷心、以及責怪自己不是個不夠格的父母。你甚至已經在擔心孩子將來要怎麼在這個世界上活下去。其實，你並不孤單。這種提心吊膽、既擔心又有壓力的感覺傷害了許多父母，即使是最有耐性的父母亦然。

有個好消息是，當你想要保持能夠控制自己的狀態時，再也不用擔心自己會失控了。今天我將提供給你一些工具，讓你不會被注意力不集中的孩子影響，而能有效地控制自己的負面情緒。這對你來說是很重大的一步，因為如此能讓你更有能力幫助孩子。你愈是能正面處理教養孩子時的壓力，孩子就能以愈正面的態度回應你。否則，若是你為了保護自己而反應過度，孩子也會跟著有樣學樣。

今天你會學到更聰明的教養方式，而不用再費盡力氣才能應付他們的需要。

注意力不集中是你反應過度的導火線

教養注意力不集中的孩子是十分痛苦的經驗。因為你不知道他下次的需求或障礙突然會在何時冒出來。讓我幫你整理一下生活中的「麻煩事」有哪些吧！請你看看下列清單中可能會讓你反應過度的「導火線」有哪些。當你在看這份清單時，請思考一下每個導火線對你造成了什麼影響。這份清單並不完整，但卻是注意力不集中孩子的父母主要必須面對的代表性議題。

◆你向孩子解釋數學習題該怎麼做、而且已經解釋了五次，可是他還是對轉鉛筆比較有興趣。

◆接到老師通知你有關孩子的壞消息。

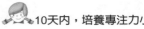

◆發現孩子花幾個小時同時在玩電動玩具、上網瀏覽或看電視。
◆聽到孩子告訴你說今天沒有回家功課，可是你知道他在說謊。
◆聽到孩子抱怨別人沒替他做完某件事，其實那件事他自己就可以做完。
◆當你載孩子到學校（因為他錯過巴士了）時，他告訴你說，他忘了今天要交一個很重要的計畫。
◆孩子說老師從不回答他的問題，可是你早在家長會時便聽說，孩子從不向老師求助。
◆看到孩子做功課時很不認真（包括把腳放在沙發上、一屁股坐在地板上或是寫得字像鬼畫符）
◆你已經確認過孩子為考試做好準備了，可是最後他還是考不及格。
◆發現孩子沒把家事或老師交代的功課做完。
◆發現孩子「忘記」交回家功課。
◆發現孩子從來不曾在第一時間記下回家功課是什麼。
◆發現孩子的成績單上盡是滿江紅。
◆孩子跟隔壁家的兒子打架，接到對方家長打來的電話。
◆洗衣服時在孩子褲子裡發現大麻——可是孩子卻否認那是他的東西。

父母對注意力不專心反應過度的清單

現在你知道造成你發火的事情有哪些了。讓我們來看一下你對這些事情會以哪些方式反應過度。以下是父母常見的反應過度模式。如果你有下列清單中的任何一項、或一項以上的反應，並不代表你不是個好父母。重要的是這些都是妨礙你成為很棒父母的反應。

⊙你可能已經瞭解到這些反應過度的行爲，對於你引導孩子走上正途的努力會造成何等的不良後果。看看下列哪幾項反應符合你的情況，並在前面打勾：

□對著孩子咆哮

□搖晃孩子的頭

□兩手一攤感到絕望

□對孩子施以突如其來且嚴厲的懲罰

□用負面評價羞辱孩子

□透過言語或行爲嘲笑孩子

□對孩子視而不見

□把你的孩子跟其他孩子做不當的比較

□對孩子很冷漠

□對孩子嘮嘮叨叨

□長篇大論教訓孩子要做得更好

□威脅孩子要送他去寄宿學校

□大聲預言孩子會毀了他自己一生，只因他在學校不念書

□爲孩子貼上負面標籤（例如：你這個被寵壞的小混蛋）

為什麼反應過度是個很嚴重的問題？

當你反應過度時，是在害孩子無法發揮他的學習潛力。因為你反應過度的情緒會讓孩子不知所措，讓他更沒有學習動機。我想說明白的是，我的意思並不是說偶爾反應過度會讓你成為糟糕的父母；我的意思也不是說，你就是造成孩子注意力不集中的罪魁禍首。我的意思是，無論如何，若是你經常反應過度的話，不只會讓自己無法有效使用這個十天計畫來減少孩子的問題，而且還會讓問題惡化。

艾力克斯的故事

幾年前我輔導過柏特跟辛西亞，他們形容自己十歲的兒子艾力克斯「懶惰、經常性的無知，而且喜歡操控人」。他們兩個人因為艾力克斯抵死也不願意上學或做功課，簡直都快要氣炸了。他們也無法讓艾力克斯做完該做的家事。艾力克斯不明白，為什麼爸媽要把做家事看得那麼重要。柏特打電話告訴我說，即使他用肥皂洗艾力克斯的嘴巴也沒用。我很高興柏特瞭解自己做的哪些事並無濟於事。

然而當柏特與辛西亞第一次見到我時，他們非常固執地堅持艾力克斯「如果願意的話，絕對可以把事情做完」。在我們第一次會面時，他們告訴我說：「我們真的是受夠了，傑夫博士。不管我們怎麼做都像是踢到鐵板。為了鼓勵艾力克斯更努力，我們取消他很多特權，包括看電視跟玩電動玩具，甚至還讓他延期做完工作。可是沒有一種方法有效。情況似乎愈來愈糟，而且我們的親子關係也變得非常惡劣。」他們的沮喪是顯而易見的。

我重新回顧了艾力克斯的成長與求學史。根據他長年時好時壞的成績，與向來不盡人意的表現，我強烈建議他父母應替他的學習優缺點做行為評估。幾個月之後，艾力克斯的評估結果明顯顯示有學習障礙，特別是在注意力、組織力以及語言能力等方面，而這些問題過去沒有人知道。現在柏特與辛西亞知道艾力克斯是「有些問題」，所以他們改變了自己的心態。他們與學校密切合作來支持艾力克斯的教學計畫，並且對艾力克斯的期待也更符合現實了。

現在艾力克斯覺得父母及老師更瞭解他，他的自我防衛心也不再那麼強了；而且他對自己在學習方面的問題更坦然了。他在家及在學校的負面行為戲劇化地減少了許多。因為現在有很多適合他的方法，能減少他在學習方面的問題。

艾力克斯在剛開始輔導時告訴我，他「又蠢又笨，而且上學對他來說根本就是浪費時間，因為他什麼也學不會」。但在他得知自己的學習評估結果後，他終於瞭解到自己注意力不集中的學習問題不會讓他變笨。事實上，進行評估的專家給了艾力克斯極大的力量，讓他更有責任感，增強了他的自信，對人生也更加樂觀了。

艾力克斯的例子顯示出，如果父母能控制自己的反應，並把焦點集中在幫助孩子，將會產生非常正面的改變。如果柏特與辛西亞沒有那麼睿智，而是始終反應過度的話，艾力克斯可能會與他們漸行漸遠，最後感覺自己心煩意亂，且極度孤單。父母經常並持續對孩子咆哮可說是一點用都沒有，而且只會讓孩子注意力不集中的程度加深，還會導致以下四個問題。

❶讓你的孩子感到無助

當你反應過度時，無異是在損害孩子想整理思緒及克服情緒的所有努力。注意力不集中的孩子在父母嚴格監督與反應的壓力下，不可能會產生好的表現。當你反應過度時，孩子可能會感到很無助。當他感到無助時，學習動機就會消失。許多注意力不集中的孩子常會以一些替代性的字眼來形容自己無助的感覺，像是「好累」、「無聊」、「生氣」。經過我的深入調查，發現雖然這些孩子常降低自己的防衛心，但當他們在面對父母強烈的反應時，真的感到很無助。

❷讓你的孩子感到不被關愛

反應過度也可能會讓孩子覺得你不再信任他。每一個小孩（包括成人）都有著被人珍惜的需要。維特雨果說：「生命中快樂的極至，就是確信自己是被愛的。」當注意力不集中的孩子覺得自己讓父母感到失望時，會很難覺得自己是被關愛的。

十四歲的莎拉說：「我爸媽關心我功課的程度，比關心我這個人還要多。」她竟然會這麼想真是太悲哀了。她的父母很愛她，真的很愛很愛她。可是一直要到他們不再對莎拉的成績及功課反應過度後，莎拉才能真切地感受到自己是被愛的。當孩子聽到你反應過度時，就像是你在聽收音機時聽到靜電干擾。關懷的字眼消失不見了。諷刺的是，正是因為你深層的憂慮與愛，才會讓自己有如此強烈的反應。儘管如此，如果你無法適度控制自己的反應，孩子並無法真正聽你的話。

我對於自己能與三個孩子有良好的關係而感到欣慰。但我也記得過去我有過幾次反應過度的經驗，在我「情緒失控」的情況下，在孩子面前「情緒失常」。

❸讓你的孩子學到如何做出負面反應

咆哮或是過度苦惱，也會讓孩子見識並學習到什麼是虛偽。因為你等於向他示範了大人也無法控制自己情緒，你的反應過度將損害了孩子把你當作可傾訴對象的正當性。

我建議你應透過如實地觀照自己來負起應負的責任。當你對孩子的行為做出反應時不妨想想：你的反應是否讓你有信心上全國性電視節目？基於同樣的理由，請你每次都以正面的態度來回應孩子的行為，為自己掙點好名聲吧！

❹讓你的孩子感到被誤解

我曾請我輔導過的孩子形容，他們覺得父母是怎麼誤解他們的。十二歲的羅瑞恩說：「即使我解釋了半天，但爸媽還是不瞭解我時，我覺得好想尖叫、大吼或抓狂。」十五歲的羅伯說：「當我爸媽不瞭解我的時候，我覺得自己很生他們和其它很多事的氣。」十三歲的夏洛特深深地說：「我覺得很哀傷，因為別人誤解我的時候，我不知道我希望自己是誰、或是成為一個什麼樣的人。」

在與這些孩子討論這個問題時，我能感受到他們強烈的情緒。顯然父母切中要害的回應，對孩子有如致命的一擊。當孩子感到被誤解時，會覺得自己無法做自己。這也難怪他們會憤怒、尖叫、發脾氣或大哭。當孩子認為父母沒有聆聽他們說話時會產生非常強烈的負面感受，而這會威脅到自我的核心。

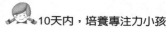

苦惱不是你唯一的選擇

身為注意力不集中孩子的父母，你可能已經掉進了相信「孩子唯一會聽我說話的機會，就是我讓他知道我很苦惱的時候」的陷阱，但事實正好與此相反。以十二歲的依恩為例，他在我們第一次輔導的過程並沒有說太多話。在快要接近結束時，我為了他願意來我這裡而向他道謝，並告訴他說，我真的很希望能幫他。突然之間他的眼眶裡充滿淚水，並且開始啜泣。

依恩告訴我說，他恨死學校、回家功課、以及他自己。他爸爸德克就像許多父母一樣，有個「碰不得的死穴」：他兒子對做功課太漫不經心（「第五天」的內容中，有些策略能幫你解決孩子不做功課的問題）。就像大多數的父母，德克覺得對依恩不做功課採取強烈的反應是唯一的選擇。幸好我幫德克瞭解了依恩，而這讓他的態度緩和下來，也不再反應過度。依恩對此深表感激，而且他很需要爸爸這麼做，才能讓他對自己的感覺比較好。以下有幾個點子能幫你控制情緒，而且不再反應過度。

28個讓父母不再反應過度的有效方法

基於今天我所提出的各種解釋，以及隨著這個十天計畫愈來愈多的學習，大部分的父母都會覺得應付孩子在學校及在家的問題，簡直就像是自己的第二份工作。我當然也認為控制情緒不是件易事。事實上控制情緒很累人。有很多方法可以讓孩子聆聽、學習、專心及乖一點，但除非你能在教養孩子的過程中保持情緒穩定，否則所有的方法都不會有效。以下有二十八個方法可以讓你不再對孩子要求過度。

❶避免認定孩子說謊

當你一再感覺自己受騙時，很容易就會把孩子視為是個騙子。在我為夫妻所寫的《為什麼你不懂我的心》中，討論過所謂有毒的思想，包括貼標籤（像是「你是個自私的丈夫」）會嚴重損害彼此的親密感。有毒的思想也可能會發生在教養方面。當你聽到孩子說：「我以為我把功課交出去了」，但你心裡卻想：「你為什麼要對我說謊？因為你根本就不想交！」雖然孩子會騙你很令人苦惱，但你誤解孩子逃避的理由才是最大的問題，而你為他貼上騙子的標籤，只會讓情況更糟。請你記住一句老話：「如果你為別人貼上標籤，他一輩子都會貼著那個標籤。」

我十三歲的病人吉米說，「我會說謊，是因為我不想跟爸媽說實話，因為如果我說實話的話，他們肯定會瘋掉。我會說謊還有其它原因，就是會讓爸媽比較喜歡我。不過等到他們發現事情真相後，不但會傷他們的心，也很傷我的心。」

請不要對孩子說謊而反應過度，或是認定孩子就是騙子。不要跟孩子爭辯證據——這只會導致權力鬥爭。記住，你的目的是要證明你的假設錯誤，但你必須保持開放的態度，持續與孩子對話。**不要把焦點放在他是否說謊，而是把焦點放在解決問題**，說些像是：「嗯，好吧，也許你是把作業交出去了，不過我們還是可以輕鬆談談你該怎麼交作業。」

❷瞭解孩子在找藉口時也會感到脆弱及害怕

根據注意力不集中的孩子找藉口的方法，他們會讓爸媽有一種印象，那就是沒什麼事會困擾他們。當我聽到三年級的傑米告訴他媽媽羅絲說：「如果老師對我更好的話，我就會更聽話，而且願意乖乖坐在位子上」時，忍不住笑出聲來。相信我，根據我在辦公室所看到的情緒爆發與眼淚，我可以告訴你，孩子比他在你面前表現出來的還要擔心。多半注意力不集中的孩子會感到脆弱、無助與恐懼——而這正是他們之所以找藉口的原因。

❸別因為孩子的行為而情緒化

請切勿因孩子的情緒崩潰而感到苦惱。也不要誤以為孩子只是危言聳聽，或只是小題大作。雖然有些注意力不集中的孩子喜歡誇大事實，但這麼做並無法減少他們情緒方面的焦慮。

如果你因為孩子大驚小怪而生氣、苦惱或情緒失控，並無法給他解決問題時所需要的情緒支持與教訓。如果你因為負面的情緒而分心的話，心思會被某個想法或事件牽著走。孩子常為了自信心低落以及喪失對未來成功的信心而掙扎不已。他們會依賴有不良後果或打擊自我的行為，來面對上述的感受及失敗、絕望與羞愧。

請你記住，注意力不集中的孩子比沒有這個問題的孩子更易為情緒所苦。他們的問題在於常會伴隨著偏差行為而表現出負面情緒，而不是把自己的感受說出來。

❹不要被孩子的行為激怒

注意力不集中孩子的父母就像是籃子裡的一條魚。只要孩子放下魚鉤，你就會緊緊咬住。許多父母都告訴我，這種釣餌的譬喻對他們有很大的幫助。無論孩子是忘了交作業、忘了做家事、或無禮的回嘴而讓你氣得跳腳，都請你想成那是為你而放置的魚鉤。如果你嘴巴張得不夠大，也就是沒有反應過度的話，那個魚鉤就會漂走——至少在那個當下。當然，你咬得愈少，魚鉤就會愈少出現在你面前。

因此，不要讓孩子的否認或薄弱的藉口、甚至是挑釁的言辭激怒你。試著讓自己不要尖叫或捉狂，因為嚴厲的反應是最沒有效的。而且尖叫聲「既無法一時、也不可能永遠」解決孩子注意力不集中的問題，或者是改變他的行為。更重要的是，當你失控並陷入與孩子的情緒角力戰時，勢必會心懷罪惡感與羞恥感。最後你只是壓抑了孩子的情緒，阻止他表達出自己的感受。簡言之，你傷害了他為了表達對你的關切所需要的安全感。而這種安全感不只能讓他說出注意力不集中的問題，也能說出自己對生活上面的困擾。

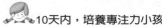

❺對孩子清楚而明確地表達想法

你對孩子愈坦白，就愈不會懷疑自己。你愈不懷疑自己，就會表現得愈冷靜。注意力不集中的孩子也需要你明確的指示，期待好讓他有所遵循。所以你不該說「請你把房間整理乾淨」，而應該說「請你把床鋪弄好，把掉在地上的衣服撿起來」；不要說「別遲到」，而該改說「請你在六點以前到家」。你不該說：「上床時間到了」，而該說：「現在已經九點了，請你上樓去，並在睡覺前洗好澡。」

特別是在應付意志堅決的孩子時，同樣很重要的是你必須用正面不威脅的態度告訴他你的期待。以正面方式樹立規範的說法包括「如果你想騎腳踏車的話，我希望你能全程都戴安全帽。」我要再次強調，你能夠愈清楚而明確地表達想法，孩子就愈能符合你的期望，也不容易讓你反應過度。

❻偶而讓自己平靜地休息一下

注意力不集中的孩子總會讓父母窮於應付到筋疲力盡的地步，所以盡可能讓自己稍事休息吧。每個父母偶爾都需要喘口氣。你可以跟另一半輪流監督孩子的課業，讓對方暫時逃脫一下。周末時你們也可以輪流睡晚一點。如果你是單親父母的話，不妨請朋友或親戚幫忙，或許他們可以在你出門時幫忙照顧孩子。我發現平靜的禱告也很有幫助：「求主讓我平靜地接受我無法改變的事，讓我有勇氣改變我可以改變的事，並賜我足夠的智慧得以分辨這兩者的區別。」

❼不要以孩子為恥，只要把焦點放在他的行為

你跟你注意力不集中的孩子一樣，當你試著應付他的時候，千萬別讓自己分心。避免為了孩子忘記倒垃圾（在你提醒了他五次以後）而在他身上貼上不負責任的標籤。說出：「你到底要到什麼時候才能學會有責任感？」這類評論不只會讓孩子感到羞恥，也會讓他無法真正處理目前手邊的問題。所以你應該改口說：「我請你把垃圾拿到外面去，這樣我們對你繼續看電視這件事都會覺得比較妥當。」

❽面對孩子要保持冷靜、堅定與不掌控的態度

正如我先前所提過的，在《十天內，孩子不再是小霸王》一書中，我建議父母應以冷靜、堅定與不掌控的態度來回應偏差孩子的行為。這個方法對應付注意力不集中的孩子也同樣有效。注意力不集中的孩子對周遭環境十分敏感。你若是在與孩子發生衝突時愈情緒化，他就愈不容易專心。

我所提出的這個保持冷靜、堅定與不控制態度的方法，能讓父母更清楚瞭解自己對孩子的期待與價值，以減少彼此可能產生的紊亂與衝突。簡言之，這個方法能讓你避免反應過度、清楚告訴孩子你的期望，避免陷入永無止盡的權力鬥爭。

❾對孩子遵循黃金原則並保持善意

為了教養孩子而付出那麼多心血，你可能常覺得壓力很大。當你感到壓力時，可能會做出非常激烈的反應。孩子會注意到這點。而我非常驚訝的是，只要記得對

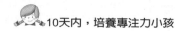

孩子說「請」及「謝謝你」，就能培養出他們願意合作的態度。

有個能讓你好過點兒的方法，就是用一卷想像錄影帶來檢證事實。當你與孩子相處時，偶爾不妨問問自己：「如果我在錄影帶上看到最近我們之間的互動，我會很開心嗎？」我輔導過一位叫布魯諾的父親，他發現這個對治情緒的方法對十四歲的兒子安德瑞很有效。他告訴我說：「傑夫，這個方法讓我終於發現自己在與孩子相處時是什麼模樣，這真是太神奇了。我瞭解到我必須改變對安德瑞的態度。一旦我跟他在一起時變得比較正面而開心，即使通常不愛發表意見的安德瑞都注意到我的態度變得比較好了。」

⑩不要以為發脾氣就是壞父母

不要對自己反應過度的行為過度反應。這個情況常發生在許多父母身上。這也很容易讓做父母的更焦慮，因為你發現原來自己那麼焦慮。如果你在某個狀況下控制不了脾氣、要求過高、又反應過度的話，也不要想痛打自己。只要想像有一把夢幻拖把和水桶，用它們把亂七八糟的事都洗乾淨，然後繼續過你的日子吧！

事實上多數父母都會對孩子咆哮或發脾氣。你感到生氣也沒什麼關係，只要別把氣出在孩子頭上。當你真的覺得很生氣時，讓自己暫時休息一下。出去散散步，或是打電話找朋友幫忙。如果你幾乎天天都在生孩子的氣，或是無法控制自己脾氣的話，就必須尋求專業人士的協助。合格的專業人士能幫你找出讓你生氣的問題思想是什麼，並學會如何控制。

⓫成為孩子的夥伴，而不是對手

透過言語或行動讓孩子知道，你們是在在同一艘船上。孩子逃避或抵抗做功課的問題，往往會讓父母與孩子處於敵對狀態。當父母的情緒上來時，孩子可能會以為父母是在批評他。每次當你與鬧情緒的孩子互動時，對孩子來說都是視你為同盟、而不是對手的好機會。你不妨可以說出以下句子來展開對話：「讓我聽聽看你是怎麼想的」或「你看起來需要找人談談。讓我們找個隱蔽一點的地方聊聊。」

請你透過孩子的眼光來看問題。例如，當孩子抱怨老師不公平時，你不需要同意他的意見，但要讓他知道你瞭解他的想法。此外你必須以有教養的語調及坦然的心胸，讓孩子知道你想傾聽他的看法，即使你對這件事的意見與他迴然不同。

⓬在採取管教行動前，先聽聽孩子怎麼說

注意力不集中孩子的父母必須處理許多的挑戰與問題，所以你可能會感到惶恐，甚至會迫不及待地想干涉。為了提醒你，請你對自己說：「慢一點。我還沒有足夠的時間，得到夠多的資訊做出結論。」以外你也可以告訴孩子某些事，像是「我現在比較瞭解你的感受了。讓我們想想可以從這件事學到什麼。也許這件事對我們來說都是個教訓——你可以更瞭解自己，而我也可以更瞭解你。」

⓭和孩子一起分擔責任

不要害怕說出讓自己心煩意亂的想法。梅麗告訴我，當她發現十六歲的女兒麗

茲抽大麻時有多惶恐。梅麗覺得自己「已經為這個孩子付出一切」，她指的是自己多年來為了麗茲注意力不集中，以及她的行為問題所付出的心力。我一開始並沒有讓梅麗與麗茲一起進行輔導，而是花了幾次時間，讓她保持剛開始想幫助麗茲時的強烈初衷。然後，我讓梅麗與麗茲同時會面。梅麗雖然沒有原諒麗茲嗑藥這件事，但她告訴麗茲說，她對麗茲並沒否認嗑藥感到很驕傲。此外梅麗也很聰明地沒讓麗茲有必須開口的壓力。然而梅麗的反應很自然讓麗茲願意敞開心房，而梅麗也表達了開放與支持的態度。基於彼此重新建立的互信，梅麗與麗茲討論了彼此之間的緊張關係，以及麗茲覺得與日俱增的同儕壓力。充滿信任感的對話，打破了多年來阻隔於這對母女的重重障礙。

⑭和孩子分享自己的經驗

就像說別人的故事一樣，透過分享過去的經驗，讓孩子知道每個人都有自己的挑戰。我輔導過一個十四歲的男孩，他做錯了一件事，就是在附近唱片行偷東西。他爸媽不斷問他為何要如此，而這孩子只是不停地聳肩，回答道：「我也不知道。」一但在一次輔導過程中，他爸爸說出自己年少時曾因喝酒及無照駕駛而被捕，情況開始有了轉變。由於爸爸的坦白，讓男孩也承認是因沮喪才會去偷東西。

另外還有一個方法，就是以克服錯誤或逆境的名人為例。你會發現，一旦不針對孩子個人，而是透過這種方法來討論，他會更坦然而誠實地承認自己的錯。

⑮父母要懂得善待自己

為了教養注意力不集中的孩子，你在他身上花了許多額外的時間與開銷，也許還有麻煩的學區問題，平添多出來的家庭壓力，而你早已有萬全的準備能處理所有的壓力。但千萬別忘了對自己好一點。如果你身心俱疲，是不可能有足夠能力去照顧孩子的。請你經常為自己做點特別的事。吃健康食物及充分休息。參加成長團體，選修新課程，跟你的貓咪玩耍，參加孩童與成人注意力缺失暨過動障礙的相關演講，去看場電影，購物或去找心理諮詢師。

⑯相信自己的直覺

沒有人比你更瞭解你的孩子。直覺會促使我們做出反應，並具有強力的激勵與推動作用。學會傾聽自己內在的聲音。相信你的心。請在你思考時也留意自己的感受。第一步是要相信你所感受到的事物，同時也必須體會孩子內心的掙扎。

我輔導過的一位媽媽曾因十七歲兒子被想念的大學所拒，而不知該如何開口。在我們討論過該如何跟孩子說之後，她決定做她自己，然後告訴孩子這件事。雖然她兒子對這個結果很失望，但他對這些年來媽媽在學業方面始終很支持而道謝。兩個星期之後，他被另一所學校錄取了。這次他媽媽終於可以從心裡高呼萬歲了。

⑰對其它家人不要有罪惡感

注意力不集中孩子的爸媽花在孩子身上的時間，遠比花在其它家人要多，而這點常會讓爸媽感到罪惡感。這在教養注意力不集中的孩子是常見的事，所以你實在不該再給自己不必要的壓力，覺得自己應該把其他家人照顧得更多更好。只要盡你所能地做，對其他家人會覺得被你忽略做好心理準備。記住，全天下所有父母都會為了這種兩難而很痛苦。請你列出自己為另一半及其他孩子做了哪些事的清單，確定你已經竭盡所能地努力過了。

⑱審視自己的內心，尋找對孩子的耐性

如果你覺得自己一直很沒耐性的話，也不要難過。耐性可能是種優點，不過即使你得勉強自己更有耐性，也不會讓你變成一個不夠格的父母。當你把腳步放慢，做幾次深呼吸，提醒你一切都會沒事後，會感到一種確定的滿足感。當你每次記得要有耐性時，不妨給自己一點鼓勵。把自己在不同情況下保持冷靜的經驗寫成日記、日誌或做成筆記。請為了自己學會以更健康的方式冷靜下來，而為孩子樹立良好示範而感覺很棒。

⑲瞭解並接受孩子的問題

我鼓勵過許多因孩子注意力不集中而飽受煎熬的父母，因為他們為了孩子的失敗，或者他們以為孩子的失敗而抱怨連連。當你相信孩子的問題已干擾到自己對他的期望與夢想時，自然會有失落感。不過除非你意識到這點並繼續往前走，否則你將無法珍視孩子真正的價值。

我輔導過一位老是反應過度的父親叫喬治，他自認有能力保護兒子威爾在童年

時不受痛苦打擊。威爾勉強從高中畢業，但前途依舊困難重重。喬治跟我發現他覺得有罪惡感，因為當他還是小孩時跟威爾有同樣的問題，而他卻無法將威爾從同樣的困難中拯救出來。不過在我撰寫本章時，我聽說了他們家的好消息。最後威爾在社區大學完成兩年學業，並計畫要轉到四年制的大學繼續念書。

⑳不要被多事者的言行所困擾

我是開玩笑提出這個建議的。你一定遇過很多自以為很瞭解孩子的人，但實際上他們根本就不瞭解。有些人可能不相信你的孩子注意力不集中，而堅持他「只是懶惰而已」。我曾聽過類似的說法是：「他只是沒有被人好好教而已。我只要一個星期就可以讓他變好。」而這根本就是天方夜譚。

不要因為家裡其他人或朋友不斷告訴你說，你「應該」做些什麼而困擾。如果你試圖讓對方瞭解，而對方卻把你的話當成耳邊風，那麼就做些標籤貼在那些未經要求便主動提供建議的多事者身上吧。你如果不想失去一些充滿善意、卻欠缺說話技巧的朋友，我有個更好的主意：把這些標籤弄得更誇張一點——不過當你在聆聽他們充滿智慧的言語時，小心別笑出聲音喔。

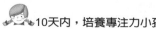

㉑隨時保持愉快的心情

教養注意力不集中的孩子常出現各種重大挑戰。但即使是在最艱困的過程中，仍要保持愉快的心情。我常想起一個八歲大、有注意力不集中問題的孩子，他可以準確無誤地體察到媽媽是否對他感到失望，或是在生他的氣。我非常能體會他媽媽的挫折感，但我們討論了幾個能讓兒子從媽媽眼中看出他特別之處的方法。這位母親每星期安排一次「私人時間」，包括在兒子上學前帶他去附近甜甜圈店吃早餐。後來這個男孩很得意告訴我說，他跟他媽媽有一段私人時光。這段特別的時間增進了他們母子的感情，也讓小男孩感受到被愛及接納的感覺，並增加他的自信心。

㉒記住，挫折感是雙方面的

當你因孩子的行為而深感挫折時，記得孩子也有著同樣的挫折感。但許多父母都忽略了這點。我曾輔導某位少年告訴我，他恨死了爸媽對他感到失望的感覺。所幸這位少年的父母告訴他說，縱使他們對少年的某些決定感到失望，但卻不曾對他身為他們的兒子而感到失望。

孩子有注意力不集中的問題時，隨時看起來好像都很惶恐，就像是被車頭燈照到的鹿一樣驚惶失措。他想取悅及符合別人要求的本性，常會因情緒狀態而相形見絀。你每一次要求他「振作一點」，就等於是無視於他眼中的痛苦，就像是把「車頭燈」開得更亮一點。請記住，孩子對自己無法專心的挫折感跟你一樣多。

我建議你別再愈陷愈深，應該把注意力放在孩子的良好行為（**如果你願意找找看看的話一定有**），同時想辦法漠視、或冷靜地處理孩子不好的行為。這個方法會大幅改變孩子看待自己與世界的角度。你必須瞭解孩子不專心、衝動或不適當的舉措，有哪些是他可以控制的，而又有哪些是他無法控制的，並訓練自己不要對這些行為反應過度。

㉓瞭解並找出孩子的能力所在

羅柏・布魯克在《教出正面思考的孩子》（*Raising Resilient Children*）一書中指出，每個孩子都有一座「能力小島」或能力範圍，而這是他們得以發揮所長之處。父母必須認識並增強這些小島，如此，希望與樂觀的態度將會取代絕望的感覺。我鼓勵你幫助孩子找到他們的優點。利用具體的範例，避免虛妄的讚美。例如你可以告訴某個似乎很容易交朋友的孩子說：「你真懂得跟人相處。」

同樣的，我建議你把你想幫忙孩子的事，與他有興趣的事連在一起。如果孩子喜歡畫畫，那麼教他如何把他不會做的數學習題畫成圖畫。

此外，我也建議你找出住家附近有哪些書、錄影帶、網站或地點，可以幫孩子建立自己的能力與興趣。我輔導過一位有注意力不集中問題的少女，她很喜歡跟比她年紀小的孩子玩。她的父母深情款款地稱她是「我們家附近的斑衣吹笛人」。當她被要求每週有一天下午必須幫忙照顧住在附近的兩個小孩時，她的責任感更是與日俱增。有名十三歲、注意力不集中問題的男孩自願每週花一個下午到社區看護之家做義工，並且跟那裡的人下棋。透過這類活動能增強他的信心。我也見過許多注意力不集中的青少年經由打工而加強了自信。如果你不斷增強孩子朝向成功發展的正面活動，他就會開始認為自己是成功的。

㉔揭開注意力不集中的神祕面紗

許多注意力不集中的孩子不曾聽過別人向他解釋他們的問題，這點令我很驚訝。他們完全不知道自己的問題是什麼，或是這個問題如何影響到他們的學習。孩子愈能瞭解自己，你就會愈容易表現出你的理解，而且也愈不容易因其逾矩的行為而反應過度。

但遺憾的是，在許多例子中，注意力不集中的孩子常被錯認是懶惰成性。不過我寧可使用「阻礙型的懶惰」這個字眼。一旦孩子被確認是學習方面有缺陷（或身體上的殘缺）而造成注意力不集中，他們會更願意發現能讓自己進步的方法。與許多父母的恐懼相左的是，讓孩子更清楚自己的缺點，並不會讓他們喜歡找藉口，或是逃避自己的責任。

㉕保持樂觀的態度

你也可以透過保有實際而非樂觀的態度，來控制自己反應過度的傾向。讓孩子瞭解他是可以進步的。舉例來說，鼓勵孩子瞭解自己的缺點或許不會消失，但他卻可以改進。為孩子指出未來成功的可能性，能立即帶給他力量。舉例來說，我輔導過一個孩子曾做過很棒的事，就是發現一個詩文網站，並將自己寫的詩作放上去。孩子的父母稱讚他懂得以健康的心態宣傳自己，也談到了他這種完成目標的能力可以讓他達到目的。即使孩子聽了這番話只是轉轉眼睛，但我看得出來，他很愛聽這種話。

㉖預期孩子的表現會有好有壞

對注意力不集中的孩子來說，表現時好時壞是常有的事。如果你覺得孩子昨天在學校表現得很好，所以今天也應該會如此，只會讓自己陷入無盡的挫折。注意力不集中的孩子是往前走兩步，然後又往後退兩步。只要你與孩子不氣餒地堅持下去，他的好表現終究會超越壞表現。

㉗珍惜每個錯誤帶來的經驗

每個小孩都很擔心自己會犯錯，以及看起來很笨。有注意力不集中問題及學習障礙的孩子，絕對比沒有這類問題的孩子經歷過更多失敗。即使如此，他們還是相當脆弱並畏懼失敗。所以孩子是如何認知這個事實是很重要的。

在心理學教科書裡有個很重要的概念，叫做「歸因理論」，這個理論指出自信心很強的孩子會視錯誤為一次學習的經驗，而自信心低落的孩子則會視錯誤為自己無法改變的事——而這常讓他們在面對困難工作時，採取逃避或退卻的態度。為了幫助他們解決這個問題並擺脫生命中的老毛病，讓他在面對錯誤時有更正面的態度極為重要。

我想起過去曾輔導過一個孩子，十三歲的喬許，他一直無法應付自己的挫折感。喬許總是對我說：「我很笨，而且我總是失敗。」喬許跟我很努力地進行輔導，好讓他不再因為這種負面的自我對話而受傷。我很高興見到喬許學會說：「如果我一直堅持到最後的話，我知道下次一定可以做得更好。」他把正面處理事情的態度內化成自己的一部分，而且也確實表現得更好了。而他以為自己很笨的情況也始終沒有發生。

請你讓孩子知道有哪些面對錯誤的方法，以及面對挫折的正面態度是什麼。把焦點放在讓他把事情做好，而不是陷溺在錯誤之中。如此一來會讓孩子更有安全感，也會讓他努力在下次表現得更好想。

遺憾的是，許多父母對於錯誤往往會反應過度，他們會尖叫、咒罵、放棄、說出「我不想再管了」之類的話。有些父母除了會感到挫折之外，還會對孩子說：「我告訴過你，你是不會成功的！」「你不夠努力！」或是「你為什麼不用大腦想想？」當孩子犯錯時需要我們的支持，而我們該用解決問題的態度來處理。孩子應該聽到我們這麼說：「沒關係。讓我們想想看下次該怎麼做才會成功。」你可以為了事前讓孩子為失敗的可能性做好準備，而對他說：「如果這樣不行的話，我們還可以試試看其它方法。」

㉘對其他家人也要保持關心

當你在應付注意力不集中孩子之際，隨著挫折感與壓力的逐漸升高，可能會發現其他家人承受的壓力亦與日俱增。我有時會看到父母不只會找注意力不集中孩子的錯，也會開始找其他孩子或家人的碴。如此在一個家庭中因互相責備而造成惡性的三角關係。然後懲罰會變成父母管教孩子的常態。父母應遵照以下策略來做。這些策略適用於所有家庭成員。

5個強而有力的陳述，讓你能夠保持冷靜

我已經告訴你許多在處理注意力不集中孩子時該如何控制自己反應的策略。請你為了截至目前為止你為了學習所花的時間與精力而拍拍手。下面是五個你可以對自己說的句子，當你感到枯竭及頹喪時，它們能助你一臂之力。

1. 即使我偶爾感到洩氣也沒關係，因為我總是能克服難關。
2. 只要我已經盡力支持孩子，就不用再要求自己再做什麼了。
3. 我對於自己為幫助孩子所做的努力感到很自豪。
4. 今天的挑戰未必與明天的挑戰一樣。
5. 我非常感恩，並常提醒自己這點，會讓自己覺得很棒。

第三天的總結

今天你學到了在教養注意力不集中的孩子時，要求過高或反應過度都是很不好的事。控制自己的情緒可以讓你處於有利的位置，讓你能夠指引並支持孩子應付各種挑戰。當下列狀況發生時，請記住遵循以下有關反應過度的重點：

- 若是你反應過度的話，會對孩子好不容易建立起來的信心產生重大的戕害。
- 瞭解並記住是哪些狀況會讓你反應過度。
- 反應過度完全無助於孩子，而且只會增加他內心的紊亂與挫折感。
- 你的孩子為他的問題和你一樣沮喪，即使他不願意承認這點。
- 有許多方便、簡單的策略可有效解決你的情緒問題，以避免反應過度。

第4天 解決孩子在學校注意力不集中的問題

——教導注意力不集中孩子的36個有效策略

我們每個人都會幻想自己的小孩很渴望並熱愛上學。至少他們可以忍受去學校，而且不會惹出什麼大麻煩。但事實上撫養一個注意力不集中的孩子，即意謂著你必須大幅調整對孩子在教育方面的期盼與夢想。這要做起來可能很痛苦，而且當你心裡被這種恐懼所占據時，對你與孩子來說都不是件易事。

我請大部分我輔導過的孩子填一份有關自信的問卷。這讓我有機會能瞭解他們對自己生命各個面相的看法。我發現絕大多數孩子都坦誠地填完問卷。我相信你對孩子在回答是否很恨上學的答案是什麼一定不會意外——答對了，那就是「對」！

正如你今天所看到的，憎恨上學是注意力不集中孩子人生中很大的問題。你的孩子可能希望要是有人可以把學校變不見就好了。當孩子試圖想符合學校所有的要求卻徒然無功時，他當然會視上學為畏途。我還記得自己仍是個注意力不集中的小孩時，每次到了晚上有大風雪時就會一直打電話到氣象臺，祈禱第二天學校會停課呢！

今天你將會學到該如何鼓勵並影響孩子在求學過程中一切順利。我瞭解這對於一個在生命中業已面臨無數艱困挑戰的孩子而言，似乎是個不可能的任務。不過本章將會提供你諸多策略，讓你能讓孩子的求學過程更順遂，增強他的學習能力，同時在問題發生之前就杜絕其產生的可能性。

審視孩子在學校注意力不集中的問題

除去智力的因素，注意力不集中的孩子常對學校有強烈的負面感受，因為他們在那承受了太多的痛苦。就像大人深陷於無法忍受的工作一樣，注意力不集中的孩子對於自己被指責也有同樣的感受，而且他們經常對上學有著深沉的絕望感。

就在我撰寫本章內容之際，我問了幾個我正在輔導的孩子，請他們談談自己在學校因注意力不集中所造成的困擾。以下是他們的回答：

基恩是個七歲患有ADHD的男孩，他說：「我覺得很迷惘，而且柏克老師生我的氣。我常因為愛說話又不聽話而惹出許多麻煩。我爸我媽也會因此而抓狂。」

十歲的艾麗莎說：「上學好痛苦，而且要跟上進度真的好難。我真的很努力想更專心，可是還是會忍不住想看看朋友在做什麼。」

有位很有天份的十二歲的病人麥可說：「當我上課不專心時就像是陷入似曾相識的狀態。因為我覺得自己都已經學過了，那些內容對我來說很熟悉。我不想讓自己覺得很無聊，所以不想聽老師講課。」

十五歲的珊曼莎因注意力不集中而感到很焦慮，她說：「就像我無法關掉自己的想法似的。我常擔心一些事，像是朋友會生我的氣，或是如果我專心聽老師講什麼，成績就會更好。我回家以後總是警告自己說，我今天上課又不專心了，可是有時候我就是改不掉這個毛病。」

十七歲有著輕度憂鬱症的萊思利說：「當我難過時根本就無法思考。雖然我不覺得老師是故意找我麻煩，可是我也只能任憑他們因為我沒交作業而罵我。」

上述每個孩子在學校都有注意力不集中的問題。造成他們問題的根本原因或許不盡相同，但他們都有個共通點，就是深層的挫折感與低落的情緒。

許多注意力不集中的孩子都告訴我，他們對上學的感覺有多痛苦。另外孩子對於跟學校相關的負面想法還包括了：

◆上學是件很蠢的事，而且我的老師都很笨。
◆我總是失敗。我很笨，所以又何必努力呢？
◆下課時同學都不跟我玩。沒有人喜歡我。
◆這真是太蠢了，全班同學都懂只有我搞不懂。我真希望自己能聰明一點。
◆我在班上的表現真的很糟。我恨老師，因為他們老愛找我麻煩並浪費我的時間。
◆我很恨自己表現不好。我爸媽老跟我說他們不在乎，可是那根本不是真的。
◆我永遠不可能像我哥一樣功課那麼好。
◆如果老師對我更酷、更好一點，我就會更努力。可是如果我恨他們的話，就不在乎他們怎麼想了。

◆我很想表現得更好，可是我就是沒辦法專心，所以又何必努力呢？反正我就是很笨！

這些內化了的負面訊息，會嚴重影響孩子克服問題的意願與能力。尤有甚者，還會在他們心中留下難以抹滅的自我懷疑的印記，即使他們在成為大人之後，也會自認為無法成功。這些自我懷疑的想法，包括了**學習新事物對我來說向來很困難，或是我還沒聰明到會用注意力不集中來煩大人**。

今天我將讓你學會如何更有能力也更有效地讓孩子減少上課不專心的問題。你當然不可能到跑到學校去替孩子寫作業，不能你監督老師，也不能指揮老師的教學方式及學校的教育方針。但你還是可以當個關心孩子的稱職家長，並提供學校有用的建議。當你與學校打交道時要有禮貌且願意合作，並避免凡事干涉。

我在此建議你可以盡量積極提供校方有關教育孩子的方式。跟校方合作能增加孩子成功的機會。大部分跟我合作過的校方人士都非常開明，也很願意與家長密切合作來符合孩子的需求。

我也可以告訴你，通常老師會比較尊重不把孩子問題歸咎於老師的父母。親自與老師見見面，保持禮貌的態度，透過電話與電子信箱與他們連繫，能為雙方奠定良好的合作模式。此外，我也見過許多父母因反應過度而高度質疑並批評老師。你可能聽過一句話：「事緩則圓」。確定你真的瞭解並注意到孩子的需要，但也不要「關心過頭」了。

瞭解相關教育法令的權益問題

本章的目標是讓你有更充分的心理建設，以幫助孩子克服課業的問題。我同時也會提供你一些特別的方法，讓你確保校方減少或彌補孩子注意力不集中問題的方法是否得當。

接下來，我會簡短告訴你教育相關法令能夠如何幫助你。即使你的孩子在形式上並不符適用特殊教育的條件，但你依舊可以懷抱著希望，建議校方使用本章所提供的特殊教育方案來幫助你的孩子。

首先，你的孩子有權接受免費及適當的公立學校教育。許多父母並不知道他們有權參與孩子每天的教學內容。如果孩子在每日教學內容中需要特殊教育的話，請找出來。

為孩子爭取教育權益的訣竅

當你發現孩子在學校需要輔導教育來協助時，請將以下建議謹記在心：

◆**跟孩子談一談**。以你最冷靜、堅定與不掌控的聲調，跟孩子談談他在學校出了什麼問題。找出他最喜歡跟最不喜歡學校的哪些部分，以及他受到什麼挫折。瞭解孩子在學校發生什麼，是為他爭取權益時非常重要的事。請你記住一句老話，當你開口說話時，是無法聆聽別人在說什麼的。你愈是想告訴孩子他該怎麼做，他就愈不會告訴你希望你怎麼做。

◆**保留所有文件資料**。保留所有跟孩子相關的報告與文件。同時也要保留校方的所有記錄，包括你何時與他們談過話。盡可能瞭解能幫助孩子的法令條文，並與你所知經驗老道的家長及學校專家聊一聊。

◆**不要害怕質疑**。學校的校規本來就很不容易理解，而且沒有什麼問題叫做笨問題。你的主要目的是與校方合作來解決孩子的教育問題。花點時間仔細研究一下文件內容，除非你真的很瞭解，否則千萬不要輕易簽署任何文件。不要害怕說：「請讓我想一想」。請記住，你可以要求校方提供更清楚的說明，讓孩子做進一步的測試，同時你也可以質疑校方對孩子教育計畫所做的任何決定。

◆**保持冷靜**。我看過太多父母在與校方人士見面時，臉上寫著「我不信任你」的表情。在討論過程中，有那麼多人在談論孩子的事，難免會讓你情緒波動，不過這並不表示你就可以不尊重他們。請記住，老師與其它教育人士是想幫助你的孩子，即使你並不同意他們做的事。如果你聽得進其他人的意見，並能夠以冷靜、堅定與不掌控的態度說出想法，最大的受益者會是你的孩子。

瞭解阻礙爭取孩子權益的想法

當你為孩子爭取教育權益時，保持正確的心態很重要，而且你從始至終能以正確的心態看待自己也很重要。你投注的心力真的很重要，而且如果你以積極的方式表現自己的努力，會讓結果很不一樣。不過重點在於你所投注的心力不會被下列具有毀壞性的想法所阻擋：

◆我覺得我在家裡應該可以做得更好。

◆孩子需要失敗，如此他才會懂得什麼是尊師重道。

◆我不知該向人求助到什麼地步。

◆學校無法真正幫助我們。

◆事情只會變得愈來愈糟。

◆我對於向校方求助感到很難為情。

可以替孩子爭取權益的想法

為了替孩子爭取在學校的權益時，需製造出更有力與成功取向的態度，請試著用以下方式來思考。

◆積極參與其中，可以讓老師及校方人士知道，我對孩子的教育問題很認真。

◆我愈是瞭解孩子的老師，就愈不容易對他產生誤解。

◆讓老師更瞭解孩子，等於就是在幫助孩子。

◆事實上孩子的問題沒有在一夕之間消失，不表示我的努力是枉然的。我必須記住這些問題也不是一夕之間造成的。

◆我愈是積極幫助孩子，他就愈能學會如何幫助自己。

◆如果我一直竭盡所能地付出，就不會懷疑自己是否已盡了全力來幫助孩子了。

如何與校方打交道？

你參與學校的事務愈多，就愈能助孩子一臂之力。過去這麼多年來我輔導過許多的父母，他們都很難瞭解適當為孩子爭取權益是什麼意思。我建議你要稟持著三個C的態度與校方打交道：**謙恭有禮**（Courteous）、**樂於合作**（Cooperative）及**積極進取**（Constructive）。同時你也要記住，解決孩子的問題有很多方法。孩子的老師、學校的心理醫師、輔導老師與校長都很瞭解什麼樣的協助適合你的孩子，所以不必不好意思開口問他們。還有一點很重要的是，千萬不要過於衝動，急著找出立刻解決之道。我見過許多父母在還沒充分考慮過所有可能性之前，便堅決要求孩子必須接受個人化教育計畫。讓自己保持彈性會對孩子更好，因為其它的解決方法可能會對孩子的限制更少，反而更適合他也說不定。本章節會提供更多有關如何為孩子爭取權益的建議。

評估孩子在班上的表現

如果孩子年紀還小，你可以花點時間待在他教室裡。或許你可以自願當一、兩天的義工，看看孩子在班上的表現如何。留意孩子在教室的動態。注意他跟老師在一起時是否自在與放鬆。孩子愈覺得被老師喜愛與接納，就會學習得愈好。雖然如此，也請你注意孩子是否在某個程度上觸怒了老師，才會讓他很不喜歡你的孩子。若是孩子跟老師在一起時看起來不很自在，你可以想看看他們的師生關係哪裡出了問題，才會讓孩子感到被誤解或憤怒。身為教室觀察員的你只能採取幾種觀察方式。你同時也可以試著觀察（或發現）孩子下課在遊戲區玩耍時與其他同學的互動。他是否會被人取笑或感到害怕，做出想吸引別人注意的動作，卻反而讓自己惹上麻煩？（「第六天」我將會進一步審視孩子與同學的關係）

你的目的是要確認孩子的學校經驗是正面的。如果孩子與老師之間產生衝突，試著跟他們兩個人共同解決。如果你還是解決不了的話，請告訴校長這個情況。或許孩子可以轉到其它班級上課。若是有個大人跟孩子的關係良好（像是助教）的話，也可以請他待在教室裡，有時只要這麼做，就能夠緩和孩子的問題行為了。不過未接受個人化教育計畫的學生，並無法享受這種配套措施。

如果你無法待在學校，或是孩子已經上國中或高中了，不妨安排兒童治療師、學校的心理醫師、或學習專家來評估孩子在課堂上的表現。顯然這也是個能讓你瞭解老師努力的好機會，畢竟他可以親眼觀察到孩子的行為。

與孩子的老師／老師團隊建立合作關係

你可以在開學前要求與孩子的老師（或好幾個老師）開一次會，解釋為什麼你想參與這次會議。請你把孩子的成績記錄、問題行為、優點及缺點列成清單帶到會議上。讓校方知道你的孩子正式被診斷出有心理、健康及學習方面的障礙、患有ADHD，以及是否服用藥物等。很遺憾的是，有時老師並不知道你的孩子的這些背景，所以才會無法瞭解他所面對的挑戰。如果你已經離婚的話，最好能找你前夫（妻）一起參加這個會議。如果不可能的話，那麼找個支持你的人一塊去。

會議中要盡量製造出雙贏的氣氛。記住，老師經常工作過度，有許多個別的學生需要操煩，可能不太願意處理額外的問題。你必須表明自己樂意與他們合作的意願，讓雙方盡可能輕鬆一點，以防範於未然。你是站在維護孩子權益的立場，但與此同時也必須在此過程中保持彈性。你必須瞭解到，有時必要的妥協是很重要的。

1. 與老師分享對孩子有用的方法

每當我與父母及孩子進行輔導時，都會找出孩子的專長，然後盡可能讓他們在課業之外的事情上共同合作。時至今日，引導一個人的專長以彌補其缺點，對於加強其心理健康的積極性是十分重要的一環。

過去你慣用的管教方法，或是引導孩子在課業以外表現的方法確實很有用，但如今你卻常忽略了這些方法有多麼好用。或許過去你常用正增強來獎勵孩子，或是讓你家的青少年可以多花點時間交朋友，如今這些方法只要再增加一點符合孩子年齡的獎勵，仍然會很管用。（我會在「第八天」詳細討論獎勵的策略）。對大一點的孩子來說，或許只要讚美他就能夠激勵他。告訴老師這個方法多麼有效。鼓勵、讚美、或是當眾表揚非常有用。告訴老師你的訣竅，跟他討論看看什麼方法在學校或許很有效。告訴老師你的孩子的獨特優點，也等於在向老師表示，不只是你期待孩子成功，就連孩子自己也嚮往成功。

2.事先準備好要提出的問題

當你跟老師會面時，請事前把想說的重點寫下來，並練習一下該怎麼開口。有位熟識的律師朋友說：「對抗焦慮的最好手段就是準備充分」。準備充分能讓你在說明想說的重點時更為自信且肯定。

對注意力不集中的孩子而言，要求他們做完功課，會讓他們充滿強烈的挫折感。我常建議我輔導的父母去找老師商量看看，瞭解老師對孩子在各方面的期許。關於這點，我會在「第五天」中談得更深入。

以下是你可以跟老師討論的問題建議，或許會對你很有幫助：

◆不強迫孩子一定要交手寫的報告，有時用視覺方式呈現是否可行？
◆即使孩子真的很拚命，但老師是否看到他的努力？他是否因成績低落而痛苦？
◆教室裡應遵守的規矩是否在一開始就說得很明白，而且在學期中仍一再向孩子強調？（記住要強調你的孩子需要一再地被提醒）

◆解釋為何你的孩子需要有組織且清楚的解釋，才能表現得更好。如果孩子有適應方面的問題，特別是從事比較沒組織性的活動，像是從體育課或下課休息，轉換成需要自我約束的課程及獨立作業時。給老師一些建議來改善這個情況。讓孩子幾分鐘不說話來調整心情或許會有用，而且也可以變成他的慣例。

3.仔細聆聽老師的說法

記住，只是提出問題及說話時很有自信是不夠的，此外你還必須仔細地聆聽。當你質疑老師的說法時，請用筆記錄下來，然後再問個清楚。最後定下下次討論進度或解決問題的日期。老師最好能在向上司抱怨你的孩子的問題前，能先跟你大吐苦水。表現出你想解決問題的決心，如果需要的話，問問老師何時可以跟他通電話討論。早點與老師與學校建立溝通管道並保持聯繫，有助於在危機產生之前便得以解除。

4.透過網路與老師保持聯繫

只要你不濫用、或是造成老師過度的負擔，透過電子郵件來瞭解孩子在學校的表現，就可以簡單地與老師保持連繫。根據我的經驗，透過電子郵件來連繫，幫助了許多家長與老師瞭解孩子每日的最新動態與進步。

5.向老師表達感激之意

許多苦惱的老師都告訴我說，如果有人願意向他們致謝的話，他們會很感激的。在你與老師開會討論後，寫張道謝卡給他。謝謝他與你一起開會，並願意跟你合作。通常老師從家長哪裡聽到的都只有抱怨。他們會非常樂意與不只會稱讚他們、而且也會抱怨的人一起合作。

6.記錄孩子的進步

準備一個簡單的資料夾記錄孩子的進步，裡面包括你與老師的溝通、會議記錄、以及家裡／學校訂定的規矩。除了記錄孩子不斷發生哪些問題，也要記錄他進步的情況及什麼方法管用。在學期中間跟老師分享這些資訊。這表示你對孩子的教育問題很認真，而且你與學校合作無間是為了讓孩子成功。此外你也告訴孩子他有這些進步。讓孩子知道你與學校都在幫助他。這對孩子來說特別重要，因為你希望孩子相信你參與其中是因為你關心他，而不只是因為他是個問題兒童。

幾個必須謹記在心的特殊教育評量重點

在孩子接受特殊教育輔導時，請注意以下事項：

◆如果孩子接受特殊教育輔導的話，你們有權參加個人化教育計畫。你將與孩子的老師、學校代表等有資格建議並監督特殊計畫與輔導的人士，以及其他與孩子過渡時期計畫與服務相關單位的代表（如果孩子在十六歲以上）共同合作。你也可以為孩子找個辯護人，好讓你更瞭解身為父母的權利及責任，同時要求這位辯護人參與個人化教育計畫的過程。社區支持注意力不集中孩子的父母，以及注意力缺失／過動症分部，或是地區性組織會提供你一些名字與辯護人好讓你連絡。

◆你永遠要記得，**孩子有權接受最起碼的特殊教育**。請特別留意像「包括」及「主要傾向」這類字眼，這表示孩子除了必須經常被迫離開自己班上，或是被置於獨立的學習環境之外，或許他可以有一部分時間待在一般正常的班級上課。除了個人化教育計畫的成員有權讓孩子不上一般性教育課程之外，孩子也可以接受非殘障同學的引導與支持。此外你要確定，特殊教育輔導能讓孩子參與像社團或體育之類的課外活動。

◆在個人化教育計畫的面談過程中，該計畫成員將會因應相關輔導而發展出各種目標來幫助孩子，包括職業或語言治療。確定他們能具體說明輔導內容，以及輔導課程必須每隔多久進行一次、一次得花多少時間。這個計畫的成員也可確認有哪些行為策略可幫助孩子在家與在校的學習。

◆你有權質疑校方對孩子的教育方式。如果你不同意校方的決定，請跟他們討論一下，看看是否能重新達成協議。

好老師會激勵孩子，壞老師會讓情況惡化

我想說清楚的是，我無意罪怪在學校教導注意力不集中孩子的老師。但每個我輔導過的孩子都承認，他們與老師的關係對其學習動機有重大的影響。不幸的是，只有教學技巧並不足以讓孩子成功。他們需要的老師要能讚美及鼓勵他們一切的努力，避免負面的批評與嘲諷，提供孩子需要的額外援助，同時還要關心他們的生活。我常看到老師這種無私的付出，以及與孩子在課堂外的非正式互動，讓孩子感覺自己可以成功，就像是有人在他們背後鼓勵一樣。

另外，瞭解孩子外在的學習動機、興趣及能力所在，能讓老師更有效地鼓勵孩子在課堂上的學習。如果老師對學生有更多的認識，就會讓他更容易瞭解孩子的困難與需求。近來我有位五年級的病人在來我這裡進行輔導時，整個人看起來容光煥發，因為他的老師打算出席他接下來將會參加的運動會。老師的工作當然很忙，而且他們在課堂以外的時間有限，但如果可能的話，參與或視察學生的課外活動，將有助於瞭解學生在學習方面不同的一面。如果老師無法出席課外活動，看看活動照片或問問當天活動情形也行。學生會很感謝老師這種額外的付出與關心，而老師則得以全新的角度來幫助孩子在課業上面更成功。

通常激勵孩子學習，意謂著直接參與他們的學習過程。學生需要投入各種教學材料、方法與課程。為了讓學習活動更活潑也更有參與感，像是遊戲、模仿、利用媒體與電腦輔助的活動及分組活動，都可以激勵學生。

考試與成績對有學習動機的學生既有幫助、更具有鼓勵作用。不過這種方法只有在議題或課業困難度讓特殊學生可以得到高分時，才會刺激他們的學習動機。若是學生的表現始終不佳，特別是他們已盡了全力的話，會很快讓他們沒有學習動機且不願再努力。當學生無法克服眼前挑戰時會深感挫折，而且不願意努力下去。

我發現有許多有意願、也樂意盡力幫助孩子的老師。我非常高興能與這麼多傑出的老師合作。此外，對孩子注意力不集中的問題採取負面態度的老師，會讓你與孩子都感到很難過。他們似乎已放棄了孩子，或是用非常嚴格的標準來看待他。

有些老師認為孩子無法克服困難的問題，是「只要他願意就做得到」，或是他沒有發揮應有的能力。這種老師也常認為注意力不集中的孩子很懶惰。這實在是令人遺憾，因為這類孩子並無法克服學習動機的障礙——他們並沒有什麼人格缺陷。以下是老師可用來鼓勵注意力不集中孩子的策略。你可以跟老師討論這些訪法作為幫助孩子課堂學習的基礎。

教導注意力不集中孩子的36個有效策略

處理孩子在學校與家裡的問題並沒有任何祕訣，但是有很多方法確實很有效。要讓任何策略在學校成功奏效的關鍵，在於個別的老師、教育團隊及父母是否有耐力並能持之以恆。以下每個策略都同樣有效。我的意思是你可能會發現，這些策略在家用，跟老師在學校用一樣有效。

以下提供給老師在課堂上的建議適合所有年齡的孩子。有些建議可能很明顯較適合年紀小的孩子，其它的則較適用於年紀稍長的孩子，但所有主題的結構、預防性評量、教育及鼓勵將一致地貫穿其間。這些訣竅綜合了許多種資訊來源，包括本書最後面的資訊章節。另外我也提供了一些延伸閱讀的參考書。即使孩子的老師已經在使用其中某些策略，但他們若是能以獨特的方法重新使用亦無害。重新回顧並使用這些策略，可以幫助你的孩子突破困境。

❶協助孩子把困難的作業切割成小部分

如果孩子被學校課業擊垮，會表現出「我—**永**—**遠**—也—沒—有—能—力—做—那—件—事」的態度。但若是把作業切割成一小部分、一小部分，孩子就不會感覺自己被擊垮了。**把困難的功課切割成容易做的小部分，是運用在注意力不集中孩子身上最有效的教學技巧**。當老師把作業切割開來之後，每個部分看起來都很小，也比較容易。我想你已看到這個方法讓孩子不再那麼容易被擊垮了。

請你記住這點，就像我告訴過許多父母的，為什麼大量困難的功課會擊垮注意力不集中的孩子。有個高中二年級的學生被要求寫一篇造成龍捲風原因的報告，可能會讓他覺得很氣餒。為了讓這個學生覺得寫這篇報告沒那麼難，老師可以提供他幾個進行步驟，像是：找出相關文獻資料、閱讀並概述資料、寫簡單的大綱、用更多資料來充實大綱、寫初稿、修訂初稿。老師可以評估每個步驟的效果，並立即提供學生回應。這個方法可以讓孩子更有組織且更為自律。

十二歲的賈斯汀是我的客戶，他告訴我說，他的社會研究老師與英文老師會把一整篇論文寫成一條條大綱，讓他比較容易專心。賈斯汀除了在這兩門學科有較好的表現之外，他在做這兩門功課時也特別開心。對於年紀較小的孩子來說，切割作業的方式對於預防因參與而造成的挫折與創傷，有非常驚人的效果。這個方法也能讓年紀大一點的孩子在絕望或想反擊時，不至於產生失敗主義或叛逆的態度。

❷盡量安排孩子坐在前排

談到孩子坐在教室的問題，他並不是非得遵照指令坐在前排的座位。不過孩子坐在靠近前排，會讓老師比較容易與他有眼光上的接觸。而且更好的是，在他之前不會有二十五個孩子坐在前面，造成他分心的各種可能性。

老師應該要知道，如果他們把孩子的座位從後方移到前面時，不該用一種羞恥或丟臉的方式。十歲的泰瑞告訴我說，在他上了四年級以後一個月，老師把他的位子調到前面。因為老師調座位的方式，讓泰瑞覺得老師「不懷好意」，而且這對泰瑞有很負面的影響。無論如何，研究亦證實了這點，那就是當你用關心、低調的方式把注意力不集中孩子的座位往前調，可以幫助他們維持注意力。

❸孩子對控制行為的無能為力不等於不服從

跟老師重新討論有關孩子的問題行為。禮貌性地提醒老師說，如果孩子無法控制自己不專心的問題，並不是因為他不願意服從，所以不該認定他只是未發揮應有的能力。此外，你也要持續發掘、並指出孩子的能力在哪裡。

❹持續地給予孩子鼓勵

注意力不集中的孩子經常惹麻煩，或是不符合別人的期待。對孩子來說很重要的是，他很需要因為自己在學校的良好表現而受到鼓勵與讚美。孩子可能會對別人鼓勵性的話語顯得不怎麼開心，但其實他們很愛聽這些話。十一歲的艾里告訴我說，每次他聽到老師讚美時，心裡常想著說：「對啦，隨你怎麼說。」可是當我逼他說得更深入時，他說：「大部分的時候我都很喜歡聽到讚美，因為這會讓我覺得自己可以做得更好。」

❺讓孩子有更多時間考試與寫報告

允許孩子有更多時間考試與寫報告，能彌補許多因注意力問題所造成的困擾。十四歲的山米告訴我，老師讓他在休息時間有更多時間寫考卷，讓他覺得自己沒有那麼大的壓力。這種做法適用於符合接受特殊教育的孩子。

❻讓孩子可以借別人的筆記

許多注意力不集中的孩子在寫筆記的時候無法專心聽講。跟同學借筆記來彌補沒抄到的地方會很有幫助。十五歲的羅絲跟我說：「有朋友在課堂上借我他的筆記，能讓我補足我筆記上沒有抄到的內容，而且我考試會考得比較好。」

❼提供老師應有的支持

如果老師在一個班上遇到兩、三個注意力不集中的孩子，真的是件很累人的事，請確認孩子的老師得到校方的全力支持。確定當他無法處理孩子的問題時，有專業人士可以請益，像是學習專家、行為專家、兒童心理學家、社工人員、學校的心理輔導或醫師等。

❽瞭解老師的限制

鼓勵孩子的老師可以向你求助。讓老師知道，你並不指望他成為注意力不集中孩子的專家。最重要的是，你們要能夠暢行無阻的溝通。請你時刻記住，千萬不要想要勝過或壓倒老師。

❾鼓勵老師問問孩子需要什麼幫助

孩子可能比你跟老師所瞭解的更有直覺力。他或許可以指引老師如何幫他，以彌補在課堂上因注意力不集中所產生的問題。我有位十二歲的老病人蘇菲告訴我說，她很喜歡有位老師會自己編一些歌，讓學生能記住數學專有名詞。如果你的孩子善於表達的話，顯然他知道如何能讓自己學習得更好。

除此之外，確定孩子瞭解自己的問題。這會讓他在面對課業挑戰時，不至於不當地責怪自己的能力。

❿讓孩子了解結構的重要性

注意力不集中孩子常因自己內在沒有組織性，因此外在環境便需要有結構性。鼓勵老師讓孩子自己列一張表。當他迷失在自己正在做的事情而茫然不知所措時，手上有份表格或清單，能讓他回歸到自己該做的事之上。此外，透過提醒與額外的引領與結構，也能讓孩子從中獲益。

⓫提醒老師孩子學習中感性的一面

老師也是人，因此有些老師會忽略孩子內心的痛苦。提醒老師你的孩子正努力地想掌握自己，不想再度失敗或感到挫折；他想要的是刺激，而不是無趣或恐懼。對老師來說，很重要的是要能留意孩子在學習過程中的感受。本章稍早我曾提到注意力不集中孩子一些負面、有問題的想法。十五歲的湯姆告訴我，數學老師因為他向其他同學求助而對他大聲咆哮。沒錯，教室裡是該有規矩。可是當湯姆被帶到老師辦公室時，他只感到羞辱，而後則是與老師的無法溝通。透過這個問題範例我們可以看到，在教室裡製造情感上的安全性有多麼重要。

⓬提醒老師對孩子重覆指示的必要性

確定老師有把指示寫下來給孩子，也清楚表達了指示的內容，並經過再三地重覆。十四歲的阿瑞說：「老師說第一次的時候我根本就沒聽到，因為其他人在講話，或是我聽了就忘了。所以再聽一次會很有用。」

再三向老師強調，你注意力不集中的孩子需要聽一次以上的指示。

⓭多利用目光接觸來回應孩子

問問老師是否會在課堂上用目光接觸（不是以羞辱的方式）來「回應」你的孩

子。老師不該用處罰的態度與孩子進行目光接觸，否則孩子會覺得這個老師不值得他專心聽講。關心與迷人的眼光，可以讓孩子從白日夢中醒過來。

⑭建議為孩子訂定規矩與限制

確定孩子的老師在必要時會為孩子設立一貫、可預見、立即且清楚的規範。重要的是老師不會使用複雜、像法律條文似的方式，來討論公平與否的問題。請注意《十天內，孩子不再是小霸王》其中兩章的內容，以及附錄提供給老師的一些建議，可以幫助老師處理孩子在學校的問題行為。

⑮確認孩子有可預期的課程表

注意力不集中的孩子很難適應轉變，或是未被告知的改變。他們會因此而內心混亂。十一歲的凱文告訴我，教室裡公布欄的顏色可以提示他一整天的活動是什麼。老師可以把一整天的課程表貼在公布欄或孩子桌上。如果課程表經常修改，就必須給你的孩子更多的提醒與事前準備。告訴孩子等一下要做什麼，並且不斷重覆這件事，可以確保孩子的成功。

⑯利用時間表以避免孩子遲交作業

老師可能會發現與孩子共同研擬計畫時間表，是個很有用的方法。讓孩子根據合理的期限完成功課，並讓他決定計畫題目，對孩子有很大的幫助。這也能避免讓他被貼上喜歡遲交作業的標籤。十七歲的羅柏特發現他的計畫包括要做義工及寫報告，不過在老師為他做出切實可行的時間表後，他發現這份計畫要容易做多了。

⑰讓孩子喘口氣

你可能聽過一句話：「預防勝於治療」。如果教室有規範的話，那麼也可以訂定出喘口氣的機制，像是讓孩子可以離開教室，而不是「失蹤」，這樣可以為他保留點面子。與此同時，孩子也將會學到自我觀察與自我調適的重要。九歲的史帝夫是我的病人，當他失去耐性時，指導老師准許可以他在不惹事的情況下離席。這讓史帝夫覺得不是個陷阱，而且讓他在心裡與在課堂上更平靜。

⑱建議老師在課業方面重質不重量

注意力不集中的孩子需要減輕課業負擔。只要他們學到某些觀念，就可以減少作業份量。跟老師討論一下，告訴他孩子還是會花同樣的時間讀書，但不至於因過度負荷而無法專心。「第五天」我們會討論更多有關孩子應付回家功課的問題。

⑲經常監督並獎勵孩子的進步

注意力不集中的孩子會從經常性的回饋中得到益處。如果老師給你與你的孩子即時的回饋，能讓孩子保持在軌道之上，讓他知道自己下一步該做什麼，而且很有鼓勵性。如果可能的話，請老師根據上述原則，每週做一份成績報告給你會很有用。你們也可以透過連絡簿或電子信箱簡單地連絡。

⑳盡可能找出或強調孩子的成功

請你鼓勵孩子的老師必須記住，孩子的人生充滿失敗。這是個鐵錚錚的事實：注意力不集中的孩子需要讚美，並可從中獲益，尤其是來自老師的讚賞，因為老師對他們有非常大的影響。孩子樂於被鼓勵。通常注意力不集中會造成的最大傷害，並非注意力不集中本身，而是看似次要的自信心問題。

㉑幫助孩子增強記憶

建議老師孩子可透過像記憶法或閃卡（註一）之類的小技巧來幫助他記憶。注意力不集中的孩子很健忘，因為他們腦子裡裝了太多指示。你可以設計各種暗號、押韻、密碼等之類的花招，能增強孩子的記憶力，尤其是這些花招既有趣又有創意的話。正如十五歲的丹說的：「我的老師很酷。我們在課堂上玩『危險遊戲』（註二）來複習主題，這讓我不再覺得很無聊，而且學習的效果更棒了。」

註一：閃卡（flash card）其包含英文單字，片語……等等，老師在教學時會出示閃卡，讓學生看到圖片即認知英文意思。

㉒根據大綱來為孩子授課

建議老師根據大綱來教課。我常告訴孩子說，寫大綱就像是製造骨架，然後再把血肉置於其上。（你也許不想用骨架，而想用更棒的譬喻也行）不管你是用什麼方法，大綱都對孩子有很大的幫助，因為它能架構、並形塑學習內容的原貌，也能讓孩子在學習新觀念或為了考試而複習功課時，感覺更有掌控力。

㉓在家多準備一套的課本

注意力不集中的孩子常忘了把課本帶回家。請你讓老師幫你在家準備一套額外的課本在手邊。八年級的喬丹告訴我這個方法很管用，因為「我總是忘了把課本帶回家，即使我努力希望自己不要忘。」

㉔為孩子簡化指令與時間表

看看老師是否願意為了你的孩子，簡化所有的指令與時間表。措辭愈簡單，孩子會愈容易瞭解。

㉕幫助孩子增加真正的自我意識

注意力不集中的孩子常為了自己的遭遇，或是為何會做出某種行為而毫無頭緒。你可以建議老師問問孩子問題，如此能夠增強他的自我觀察力，像是「你知道自己剛才做了什麼嗎？」、「你覺得如果你換個說法會怎麼樣？」或是「你覺得為什麼當你告訴其他女孩子你是怎麼說時，她們看起來好像很難過？」如果老師表現出耐心與支持來鼓勵孩子的自我意識，會很有幫助。我見過許多清楚自己感受是什麼的孩子，但卻無法用言語表達自己的感受。

㉖充分檢驗孩子的考試技巧

請老師重新審視一下自己提供給孩子的複習與應試技巧建議。雖然每個老師的建議可能不一樣，但一般常見的應試技巧包括了：

◆考前吃點東西。在胃裡填點食物可以更有精力，而且會更專心，但避免吃太多東西，免得會覺得昏昏欲睡。

◆重新溫習模擬試題、回家功課與範例題目等，並複習講義、課本與筆記。

◆不要死背硬記，考前睡眠要充足。

◆整個考試過程要保持樂觀與放鬆的態度。如果你開始感到緊張的話，做幾次深呼吸讓自己放鬆。

◆把視線停留在考卷。你可不想讓自己看起來像在作弊，或為自己惹上不必要的麻煩。

◆一拿到考卷時，先快速掃描整張考卷一遍，如此你知道該如何分配作答時間會最有利。

註二：「危險遊戲」（Jeopardy）是一種教遊戲，他具有動畫效果，可以掌控頁面中題目及答案出現的先後順序，因此還可以玩「驚鴻一瞥」，或使用「快閃方式」，讓學生在看過畫面後，依記憶回答問題。

◆先做最簡單的題目。不要在不會的題目上花太多時間，特別是在限時作答時。或許在你回答另一個問題時，會讓你想出原來不會做的題目的答案。

◆先做答對得分最高的題目。

◆不要急，讓自己按部就班地答題。讀完整個題目並找出關鍵字。

◆如果不瞭解考試題目的意思，向老師問清楚。

◆作答時字跡務必清晰。如果老師認不出你的答案，通常會認為你答錯了。

◆永遠記得要仔細把整個題目讀完。不要假設題目的意思可能是什麼。

◆把重要的想法／資料／公式寫在考卷上，在檢查答案時可派上用場。

◆如果不滿意自己的成績，問問老師是否有什麼補救的考試，或額外的加分作業是你可以做的。

◆把考卷留下來作為日後考試複習之用。

㉗從小就告訴孩子分數的重要

對年紀小的孩子來說，分數是修正行為與獎勵的一部分。注意力不集中的孩子對於獎勵與鼓勵有很好的反應。

㉘讓孩子知道人際關係的重要

你必須認同與支持老師的想法，那就是孩子必須與其他人建立關係。一旦孩子更願意投入與他人建立關係，就會覺得自己被激勵，也比較不容易放棄。

㉙加強連絡簿的連繫功用

連絡簿可以讓老師與父母保持有效的連繫。電子信箱也同樣很有用。這個方法能有效地幫助老師與父母進行每日的溝通，而不用召開危機處理會議。同時也可以針對孩子的需求提供經常性的回饋。

㉚鼓勵孩子自我監督

我很喜歡一句很棒的格言：「你送人一條魚，他可以飽餐一頓；你教人如何捕魚，他再也不會挨餓。」基於這個道理，請讓孩子的老師鼓勵他自我監督。我曾輔導過一個孩子每次在課堂上做白日夢時，就會在考卷上巧妙地畫上記號。每週到了尾聲，他便會與老師共同審視自己在考卷上畫的記號，來審視自己注意力方面的問題，並從這裡得到改進自己專注力的動力。

㉛讓孩子為未經安排的時間作好準備

注意力不集中的孩子必須在事前知道會發生什麼事，才可以讓他在心裡有所準備。未經安排的時間對他來說可能很難以承受。老師可透過讓孩子主動準備好如何安排時間，並提醒在這段時間之內該遵守的規矩，來掌握他的動態。

㉜讓大一點的孩子寫疑問備忘錄

當孩子有疑問時，建議他自己親手寫下備忘錄，而且不只是要記下別人對他說了什麼，也要記下自己在想什麼。這會讓他更專心聽別人說話。我曾跟一位很酷的老師合作過，他分給學生一些可貼式備忘錄，讓學生把他們的想法（他們願意曝光的想法）寫下來，然後貼在額頭上。

㉝找出取代寫作業的替代方案

親手寫作業對許多孩子來說是件苦差事。如果可能的話，不妨問問老師是否願意讓孩子用其它方式取代寫作業。至於其它方式包括用打字寫作業，或採取口試。

㉞使用暗號來吸引孩子注意

建議老師可以在上課前用暗號來吸引孩子的注意力。暗號可以是某種特定的表情，巧妙的手勢、甚至是把腳步移到地板上某個特定的地方。

㉟詢問孩子是否有學伴

確認老師是否願意安排孩子在每科都有個「學伴」，也讓知道有他們的電話號碼。這個方法或許不是對每個小孩都管用，但我看過透過這個方法很成功的例子。

㊱經常與老師碰面

你當然不想一天到晚待在教室裡打擾老師。不過對大部分的老師來說，與懷有強烈意願參與的家長比起來，自然比不聞不問的父母更容易相處。讓自己與老師保持熟絡，友善的臉孔，避免與他們談話時只繞著問題打轉。

第四天的總結

學校是個學習場所，但對許多注意力不集中的孩子來說，學校卻是個讓人痛苦的地方。鼓勵你的孩子，學校對治療他注意力不集中的問題是很重要的地方。請記住以下幾個重點：

- 注意力不集中的孩子不僅有課業方面無法克服的問題，同時待在學校也有許多負面的想法與感受。
- 根據你孩子的狀況，教育相關法令可提供他額外的援助。
- 不論孩子注意力不集中的問題是否被法令所認定，你還是可以透過極力爭取他在學校的權益來改變現狀。
- 不論好壞，你與老師、孩子的情緒都會影響孩子的學習動機。
- 這裡提供了許多策略可讓你提供給老師參考，好幫助注意力不集中的孩子在課堂上表現得更好。

第5天 終結回家功課的戰爭

——24個協助孩子做完功課的訣竅

朵麗絲與馬克坐在我面前專注地看著亞當——他們十二歲的兒子。朵麗絲既挫折又茫然不知所措地抱怨：「每天晚上都上演同樣可笑的戲碼，我已經受夠了。」

亞當開始流淚，雙眼空洞地看著前方。

馬克補充說：「我們沒辦法讓他做完回家功課。等到他終於做完的那天，卻會忘了交出去。」

朵麗絲嘆了口氣，再次看了亞當一眼，然後說：「我們不知道該怎麼辦。這是場失敗的戰爭。」

如果上述場景你感到很熟悉的話，其實你並不孤單。大部分注意力不集中的孩子都無法忍受做回家功課。他們經常一再地告訴我說，做功課對他們而言有多麼苦惱，而他們有多恨做功課，或是覺得做功課簡直是蠢極了。他們也會合理地認為回家功課困難了十倍，只因為他們經常忘了做。

人們總是試圖尋找愉悅而逃避痛苦。對注意力不集中的孩子來說，做功課是件很痛苦的事。他們無法瞭解每天做完作業多麼有意義，因此有些人會刻意忘了把課本、作業簿、講義夾帶回家，這樣晚上在家就不必做功課了。然而在大多數的例子中，忘了做作業會拉低孩子的分數，而且因為不願做回家功課，會無法充分地為考試作好準備。今天你將學到如何掌控最令人頭疼的回家功課的問題。

注意力不集中的孩子無法理解「功課」的好處

大部分的孩子常會抗拒做功課。然而激勵注意力不集中的孩子開始與做完回家功課，可以讓他們覺得像是完成不可能的任務。他們摧毀了做回家功課的學習動機。做功課可以幫助孩子練習課堂上的學習內容，預習課程及準備考試，但與其他孩子相較起來，注意力不集中的孩子卻看不出做功課對他們有什麼好處。

⊙注意力不集中的孩子不願做功課有許多原因。下列是一般常見的原因。請在適用於你孩子身上的項目前打勾。

□他覺得功課太簡單、太無聊或太困難。甚至認爲做功課是一種懲罰。

□他覺得功課太難，卻不願向人求助。

- □他無法長時間專心在某件事，需要把功課切割成小部分才會做。
- □他不瞭解自己爲什麼必須做功課。
- □他覺得做功課很無趣。
- □他不喜歡做重覆的事、或學同樣的東西，也不喜歡死記硬背的學習。
- □他有閱讀障礙。
- □他不瞭解做功課的重要性。
- □他抱怨自己很累或很餓。
- □他說自己做功課的地方很不舒服。

處理情緒是否得當，對做功課有關鍵的影響

在「第三天」的內容中，你學到了該如何避免對孩子反應過度。現在既然你已經擁有這個技巧來控制自己的情緒，那麼我建議你可以伸出援手，幫助孩子解決做功課的問題。你或許會抱怨：「我為什麼要伸出援手？難道他不該自己做功課嗎？這難道不是他的責任嗎？又不是我的責任。」我瞭解你的挫折感。不過請你記住，孩子不是自願有注意力不集中的問題，若是沒有你的協助，他可能無法克服這個問題。此外，你的目標是協助孩子做功課，而不是親自替他做功課。

今天我會提供你一些讓許多家庭都曾使用過的工具。你也會學到如何處理孩子

對功課的負面情緒，讓這些工具與策略達到最好效果。

要讓孩子做功課的重點是，你與孩子可以使用世界上最棒的工具。但除非你能消除孩子對做功課的憂慮與負面想法，否則他會繼續抵死不從。如果你學會了如何解決孩子抵死不做功課的問題，他便能接受可以產生正面改變的想法與策略。協助孩子做功課比解決數學習題、或搞定拼字問題要重要。你也必須學會處理孩子否定與脆弱的情緒，特別是擔心自己做不來的恐懼。

擔心做不來功課的感受，對孩子學習的能力有非常重大的影響。當孩子對某件事情感到興趣或興奮時，就會很容易學習。若是他發現某個科目令人喪氣、很無趣或讓人難過時，就不可能學得會。負面情緒不只會讓已有注意力不集中問題的孩子在做手邊功課時不專心，也會耗盡學習時所需要的專注力。特別是對注意力不集中的孩子來說，他們的專注力非常有限，所以根本就不夠用。

在《十天內，孩子不再是小霸王》中，我談到避免權力鬥爭可減少偏差行為的關鍵性。簡言之，我建議父母以冷靜、堅定、不掌控的態度，避免讓自己陷入產生不良後果的情緒戰爭。正如你在下面所看到的，利用冷靜、堅定、不掌控的方法，是處理惱人的作業問題最理想的工具。這個方法可以更有效地傳達積極的意圖，也可以幫助你進行新的做法。

以下是我看過許多父母用來解決孩子不做功課問題的兩種方法之概述。這兩種方法我稱之為「消極法」與「強力法」。我還例舉了使用這些方法的範例，而在範例後面則提供了簡短說明。

方法❶：消極法

「我想如果你坐下來把功課做完會比較好。」過去九歲傑瑞米的爸媽對於該怎麼規定他做功課，始終有著不知如何適當表達的困擾。傑瑞米是家裡的小霸王，而這讓他有絕對充分的理由不做功課。最後在我們一起進行諮商之後，傑瑞米爸媽的態度變得更肯定了，而且他們覺得自己有能力引導傑瑞米脫離逃避功課的心態。

方法❷：強力法

「你真是又懶又笨。如果你不做功課的話，我就把你送去少年感化院！」這是十三歲的克麗斯汀從十分惱火的爸媽口中聽到的話。克麗斯汀的爸媽確實是在威脅她，而且他們也覺得自己有權這麼做。但是他們很快便發現，即使他們火氣愈來愈大，克麗斯汀仍然拒絕做功課。所幸我讓克麗斯汀的爸媽瞭解，不管是對他們或克麗斯汀來說，威脅都不是個好方法。

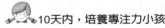

⊙別再爲了孩子的功課做蠢事

愚蠢行爲的定義是：每次都一再做同樣的事，卻期待有不一樣的結果。現在我建議你，別再爲了孩子的功課而做出蠢事了。消極法行不通的原因，是因爲孩子會看到你與他一樣懦弱而不會理你。強力法則常導致毫無助益的權力鬥爭，而且終究只會讓你們氣得捉狂。如果你極端試過這兩種方法，也不必因此而懊惱。沒有一個父母是完美的。無論如何，現在你都不該再太消極或太強力逼孩子做功課。其實還有一個更好的方法，而你只需要保持冷靜、堅決與不掌控的態度就可以了。

解決之道：冷靜、堅決與不掌控的態度

我輔導過一個六年級叫約拿的孩子，他恨死做功課了。同時我也輔導約拿的媽媽希微亞有幾個月的時間。她對約拿死都不做功課一開始總是太消極，然後則會為此而變得非常暴躁，如此惡性循環不已。附帶一提的是，這種反應模式在許多感到無助的絕望父母身上都看得到。

我教希微亞使用冷靜、堅決與不掌控的方法。後來她告訴我說：「我讓自己冷靜下來，讓約拿真正瞭解到，我知道要他開始做功課有多困難，以及做功課讓他有多洩氣。但我也請他坐下來盡量試試看。我提醒他說，我不能強迫他做功課，但我知道他打心底真的很想做完。」她說：「你這套冷靜、堅決與不掌控的方法，真的幫了我們很大的忙。約拿再也不覺得我逼他得逼喘不過氣來了。我們在做功課這方面上有了很大進步，而且那些毫無意義的權力鬥爭也消失於無形了。」

就在我撰寫本章時，琳告訴我一個有趣的故事。琳有個六年級的兒子叫傑克。她告訴我過去幾個月來她的沮喪與日俱增，而且是每天下午都會如此。因為她得不斷確認傑克是否已經開始做功課。與此同時，傑克會心不甘情不願地做功課，但最後卻沒有做完任何一樣。琳會向兒子「開戰」，然後展開一場沒有成果的爭論。更多荒唐的戲碼於焉上演，但傑克的功課卻沒有任何進展。

有一天琳突然頓悟到，為了做功課而展開權力鬥爭，根本就無濟於事。於是她走向傑克，給了他一個溫暖的微笑，然後張開手臂抱住他說：「親愛的，我該拿你怎麼辦呢？」一個小時後，傑克把所有功課都做完了。想想看這個方法有多有效！

查爾斯正在我這裡接受輔導，最近他跟我分享了一個透過冷靜、堅決與不掌控的態度的成功案例。有天晚上他兒子「正在做功課」時，同時跟女友打電話。查爾斯說：「我走過去，用冷靜、堅決與不掌控的態度掛上電話。查理一再聲稱他可以『一心多用』。那時我知道再這麼鬧下去會很難看，於是我很堅定地說，『查理，如果那是通很重要的電話，那麼請你先去把那通電話講完，然後再回來做功課。』傑夫，我想過去會發生那麼多事，是因為我太獨裁了。因為後來查理背著我向他女友道歉，還說等一下再打給她。怎麼樣，很不賴吧？」

我不敢百分之百保證如果你保持情緒的平穩，就會讓孩子變得超愛做功課。不過我在辦公室裡看過太多父母為了功課一事而稍作讓步，孩子反而會更願意配合他們。但是我卻不曾見過學校在開會時強調這點——保持冷靜、堅決與不掌控的態度，對孩子不做功課有著強而有力的效果。

如何進一步讓孩子願意做功課？

你必須透過真正冷靜、堅決與不掌控的態度，告訴孩子你瞭解他的挫折及對做功課的抗拒。在「第二天」我稱之為「常見症狀」的段落裡，我討論了注意力不集中的孩子所面對的挑戰。他們無法長時間集中注意力，欠缺組織能力，缺乏時間管理能力，有遲交作業的毛病，以及無法遵從指示，而這些都是無法順利完成作業的障礙。請你記住孩子在處理這些跟注意力不集中相關問題時有多不容易。瞭解他所面對的挑戰，才能幫他處理注意力不集中的問題。

關鍵在於你的方法

孩子（以及一般人）不喜歡被控制、或強迫去做任何事。所以強迫注意力不集中的孩子做任何事，特別是回家功課，只會徒勞無功。如果你使用我所建議的冷靜、堅決與不掌控的方法，便可避免因功課而與孩子發生權力鬥爭。記住，權力鬥爭只會讓孩子更不想做功課。

心理學裡常提到「接近／逃避衝突」，相信與你孩子不想做功課的動機有十分強烈的關係。「接近／逃避衝突」發生於當個體接近（身體或心理）某個似乎很想要的事物時，卻會因接觸而可能產生的負面結果，而對該事物產生抗拒。

讓我們把這個理論套用在孩子做功課之上。就接近這個部分的衝突而言，它可能會建議孩子先對功課產生欲望。好啦，我當然瞭解你孩子可不會認為做功課會讓他產生欲望。但就某個程度來說，他可能知道做功課可以讓他順利完成學業，而這對他來是很有吸引力的。不過，對於做困難功課的擔憂，卻會讓孩子怯步（逃避）。所以根據上述理論，孩子對於自己要不要做功課會在內心產生掙扎。一方面他可能知道做功課可以不再發生留級、讓老師為難、與你發生衝突的問題；但另外一方面，他卻會逃避這種愉悅感。身為父母，你的挑戰是鼓勵孩子不要因為覺得可能會失敗的陰影，而逃避做功課。

請你記住，為了解決孩子抗拒做功課的問題，最重要的是你必須能激起他的學習動機，而不是讓他一味地逃避。

範例	消極法	強力法	冷靜、堅決與不掌控的方法
孩子作業遲遲不交	「也許我可以寫張紙條給老師，請老師再寬限幾天。」	「你有一整個星期可以寫作業，可是你卻在浪費時間。反正你根本就不在乎任何事，對不對？」	「我知道交作業的期限比你預期的要早。我們先把作業切割成許多小部分，然後再看看可以怎麼將它做完。」
孩子把自己不做功課的理由怪在老師頭上	「好，我知道你很難過。老師一定是沒有爲你做準備。明天我會打電話給老師。你可以去朋友家玩，不過七點半以前要回來。」	「現在就把功課做完，否則一個月都不准出去玩。」	「我瞭解你的挫折。你認爲老師很笨才會給你這種功課。可是你還是得做完。我可以幫你忙。請你至少試試看。」

以上是一些鼓勵孩子做功課的說法，但同時必須搭配使用冷靜、堅決與不掌控的技巧。此外，我也同時比較了消極法與強力法，並突顯其間之差異。

更多讓孩子做功課的方法

以下將提供你更多激勵孩子做功課的建議。請你瞭解，這仍是個跟態度／動機有關的議題，目的是為了解決孩子的功課問題而做好準備。我非常強調在進行任何策略或方法之前，必須製造出和諧的氣氛，而不能發生嚴重的情緒問題或爭吵。記住這些重點，可以讓你在執行下列策略時十分有效。

別再嘮叨，開始傾聽孩子的心酸

正如前面我提到有關希微亞與琳的例子，別再對孩子做功課嘮叨了。嘮叨是許多父母的致命傷——特別是在做功課這件事情上。或許這就是為什麼至今我還沒看過什麼自助類書籍的書名是「如何對孩子嘮叨，讓他有成功人生」。別再嘮叨了，開始傾聽孩子的擔憂與挫折。我輔導過一名高二的學生說：「老哥，我爸媽老是逼我做功課。他們就是不懂這會讓我很捉狂，而且反而會讓我更不想做。」好在這個年輕人的父母聽了我的話，不再嘮嘮叨叨，而改用冷靜、堅決與不掌控的方法來支持孩子。雖然如此並無法讓孩子熱愛做功課，但至少能激勵他去嘗試。

❶做個對孩子能感同身受的父母

最近我在住家附近的學校做了一場演講，內容是如何透過與學習相關的挑戰來增強孩子的自信心。一名女性聽眾說，她發現「保持對話」很管用。這名有個九歲女兒的聰明媽媽又說，她愈是要求女兒投入任何事情，就愈能跟女兒討論有關課業的困難。記住，傾聽會讓你們的親子關係更好。

透過傾聽與孩子保持良好關係，你必須說些更能鼓勵他的話，像是「跟我說多一點」、「繼續講啊……」、「你對這件事的感覺怎麼樣？」、「我知道你的意思」「然後呢？」不要插嘴提供建議，只要傾聽，並根據孩子的話而說出自己的感受。「聽起來這件事讓你很難過，是不是？」「你似乎真的為這件事而感到高興。」這樣是最能反映、也最關心孩子感受的反應。此外在必要時，你必須說些能解決問題的話，像是「你希望自己可以怎麼做？」「你希望會發生什麼事？」「如果你這麼做的話，你覺得結果會怎麼樣？」最重要的是關心孩子，會讓孩子不再表現出否認、不信任或不專心的感受。

我常看到孩子因老師對他們的感覺能感同身受，而激勵出念書與做功課的動力。如果孩子與老師愈親近，就會愈願意遵守上下課的規定。

❷試著對孩子更有同理心

試著設身處地為孩子著想。你可以透過想像及耐性，對注意力不集中的孩子保持同理心，但試著把焦點放在他們無法表達基本能力的問題上。同理心能幫助父母與孩子避免陷入惡性的鬥爭。不要跟孩子吵架，而是要傾聽他們的聲音。當你表達自己的立場時，也要表現出同理心。

此外，再也沒有什麼比說出「你為什麼不向別人求助呢？」這種話，更難讓你與孩子針對功課進行有效的溝通。大部分的孩子，特別是注意力不集中的孩子，並不總是知道自己行為與感受背後的動機。但你可以斷言孩子對功課的負面想法是他逃避的原因。除非你對他的負面想法能感同身受，否則他會很沒有安全感，而無法與你分享自己的挫折與恐懼。請記住，保持同理心並不表示你同意孩子不寫功課或逃避功課。更確切地說，你是在移除你們討論逃避做功課的溝通障礙。

❸調整你對孩子的期待

期待本書可以讓孩子變得熱愛做功課，是否有些不切實際？沒錯。對注意力不集中的孩子來說，抗拒做功課或許是個一輩子都要面對的問題。事實上，你可能必須時時警惕自己要引導孩子克服這個困難，直到他畢業為止。同時，如果你認真使用本書的原則，孩子做功課的麻煩就會更容易解決。試著讓自己更有耐性一點，並瞭解進步通常是屬於堅持到底的父母與孩子。

羅馬不是一天造成的。我見過許多注意力不集中的孩子順利地完成高中學業。其中有許多人繼續上大學，表現的也極為優異，有些從商的孩子則在崗位上表現出負責與成功的態度。我見過許多被踢出校門的高中生重新振作起來回學校讀書，在大學的表現亦十分傑出。在許多例子中，注意力不集中的孩子最後都名列前茅。所以，讓自己更有耐性點兒吧！

❹忘記「我做不到」的說詞

任憑你有再多的同理心、支持性的回應與一卡車的耐性，如果孩子對做功課的反應是「我做不到」話，你該怎麼辦？這時你可能會懷疑地問我：「傑夫博士，這下子該怎麼辦？」我建議你仍應採用冷靜、堅定與不掌控聲調與他溝通。

接著，你應表現出他好像知道該怎麼做的模樣，也就是試著鼓勵孩子表現出好像知道自己做得到的樣子。要孩子假裝自己知道並看到你所講解的課業內容，然後離開那個地方，讓孩子自己試試看可以從這裡做到什麼程度。如果他還是不斷告訴你不知道該怎麼做，而你也打算繼續幫他的話，儘量讓他提問，而不是直接告訴他答案。透過下列這些支持性的句型，可以幫你忘記孩子「我做不到」的回答。

「你瞭解這個題目的哪個部分？」

「你可以告訴我這題你是哪裡弄不懂，以及你爲什麼弄不懂？」

「告訴我你覺得答案是什麼？」

「你是怎麼想出答案的？」

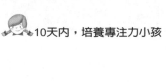

24個協助孩子做完功課的訣竅

這裡有二十四個協助孩子把功課做完的訣竅，這都是有關邏輯而非情緒的控管，其中有些策略較諸其它人來說，可能更符合你的風格或是孩子的能力。請你現在就用這些策略，而先把其它方法放到一邊，它們將來才會派上用場。

❶努力為孩子尋找良好的讀書環境

良好的讀書環境必須照明充足，需要的文具隨手可得，而且要很安靜。在大部分的例子中，如果孩子每晚都在同樣的地方讀書，效果會最好。重要的是，讓孩子自己選擇在哪裡讀書。他不一定非得在臥房讀書不可。對許多孩子來說，在廚房的餐桌、或客廳做功課的一角，也沒什麼不好，但一定要是安靜且沒有太多干擾的地方。如果你的小孩希望做功課時你也能在身邊，你能就近監視他的進步，並讓他養成良好的讀書習慣。

你的孩子可能很喜歡裝飾屬於自己的特殊讀書場所。就讓他開心地做吧。若是孩子年紀還小的話，他的心情愈好，就會愈喜歡做功課，而且也愈不會逃避。用明亮色系的盒子放鉛筆，在牆上貼些喜歡的藝術作品，也能增加做功課時的愉悅感。對年紀大一點的孩子來說，有著最喜歡樂團的海報可以讓他放鬆。

如果你家比較小也比較吵的話，儘量讓全家人在孩子做功課時保持安靜。你可能得把正在學走路的吵鬧幼兒帶到外面，或讓他到其它房間玩。如果你無法完全去除可能干擾的因素，孩子可能會想到附近的圖書館做功課。

請你要瞭解，有些孩子一邊做功課，同時還進行其它活動，效果反而會更好。對某些孩子來說，邊做功課並邊聽音樂或做其它事，會讓他覺得很鎮定或很舒服。當這種方法有效時，請保留這些可能性。

❷協助孩子安排時間表

對注意力不集中的孩子而言，他很難決定自己何時該坐下來寫功課。但如果他知道每天什麼時間已被安排好用來讀書及做功課，孩子與你都會受益無窮。我發現對注意力不集中的孩子來說，做功課的最佳時間通常不在剛放學那段時間。大多數的孩子，特別是注意力不集中的孩子需要一點時間解除壓力，好好放鬆一下。許多我輔導過的父母都發現，替孩子選一個時間做功課是個很棒的主意。即使孩子沒有功課（現在應該鮮少有這種情形），這段時間仍應作為複習今天上課內容、讀些好看的課外讀物、或為即將要繳交的計畫做準備。

我常發現建立寫功課時間表，能對孩子造成重大的正面改變。透過時間表知道等一下該做什麼，能讓孩子按表操課。喬安和她十三歲的兒子賽斯跟我見了幾次面，討論了各種時間表的可能性（例如一放學就做功課，或是放學後一小時再做）。向來聰明（同時也是冷靜、堅定、不掌控）的喬安建議賽斯也要花點時間做時間表，如此一來他才能盡量配合實際情況來遵守時間表的規定。喬安慎重、支持與合作的舉動，讓賽斯欣然接受了這份時間表，而且也執行地相當成功。喬安再也不用「追捕」或「追趕」著賽斯要他做功課了。另外他們也達成了協議，那就是只要賽斯寫完功課，就可以打電話、看電視及做些其它的事。

此外我也發現，許多孩子喜歡參加課外活動，像是運動或音樂課，目的是讓他們放鬆下來。孩子可能某幾天是放學後就做功課，某幾天則是到了晚上才做。如果做功課的時間不夠，恐怕得犧牲掉一些課外活動。做功課永遠得擺在第一順位。

如果孩子還在念小學，你可能得多花點力氣幫他安排時間表。年紀大一點的學生或許可以自己制定時間表，雖然你可能會想確定那份時間表是否可行。請孩子把時間表寫下來，並貼在你經常可以看到的地方，像是冰箱上面。

❸檢查孩子的連絡簿

請你想像自己是孩子的備用大腦，可以指導他如何振作。你必須確定他已經寫完連絡簿上所規定的功課。我敢打賭，如果我說許多注意力不集中的孩子根本就忘了連絡簿，你也不會感到很驚訝。如果孩子的連絡簿老是被外人搶走了的話，你必須與校方共同解決這個問題。你的目的是確認孩子有帶著連絡簿離開學校，並且這件事在學校留下了記錄。近來有愈來愈多老師把當日該做的功課放在學校網站上，這可以讓你與孩子交互檢查連絡簿上寫（或沒寫）的待做功課事項是否正確。

❹瞭解孩子如何可以學得更好

如果你瞭解孩子的學習方式，會讓你比較容易幫助他。舉例來說，孩子是否比較傾向視覺方面的學習？他是否在看到東西時，學習能力比較好？如果是這樣的話，在他做功課時畫個圖或圖表，或許會很有幫助。例如我曾輔導過的一位母親崔西，她發現自己七年級的兒子在看完科學課本後，竟然不記得細胞質與細胞核有什麼差別。但是透過不斷畫圖，並在細胞構造圖上貼上標籤，他很容易就記住了。

你的孩子是否在聽得到東西時，學習能力比較好？在這種情況下，他可能需要聽故事，或是你必須把指示讀給他聽。太多文字教材或圖畫與圖表，可能會讓他產生混淆。孩子是否在面對他可以處理、或讓他有感覺的事物時，可以學習得更好？像是把一個蘋果分成四份六份或八份，能幫年紀較小的孩子看到空間之間的關係。就我個人來說，我覺得用分披薩的方式來瞭解餅形統計圖（pie chart）最有效。

❺瞭解老師／學校的作業方針

在學期剛開始時（或是現在，如果你是在學期開始後才讀到本書，只要開始做便永不嫌遲），問問老師：

◆你希望孩子花多少時間做完功課？

◆當孩子做功課陷入僵局時，我該怎麼幫他？

◆如果孩子做功課時捉不到重點，你建議我可以做什麼？

或許你已經知道，老師對孩子的期待各有不同。最近我參加某個學校的會議時，有兩位老師坦承自己並沒有精確地檢查孩子的功課是否做完。

所以，問問孩子的老師你可以做什麼。你是否只要檢查孩子確實做完功課，或是必須還得做點其它的事？有些老師會希望父母檢查孩子功課時，還必須指出錯誤，但也有些老師只希望父母檢查是否做完了就行。如果孩子的功課有任何狀況時，請老師打電話通知你，也是個不錯的主意。

❻協助孩子決定事情的優先順序

對許多注意力不集中的孩子來說，決定該先做那一項功課，是他主要的緊張來源。達琳是我輔導過一位五年級的孩子，她花了很多時間，卻始終無法決定該先做哪樣功課。我教達琳的爸爸讓她先挑出最困難的功課，然後再想辦法把它解決掉。

鼓勵孩子在做功課前，先按照順序為功課編號，而後再依序做完。他可以從比較少也較不困難的功課開始做起，但要避免把最多。也最難的部分留到最後。大部分孩子先做比較困難的功課表現得會比較好。無論如何請你必記住，對某些孩子而言，先做比較簡單的功課，會讓他們更有信心迎向更困難的挑戰。至於什麼方式對孩子最好，請不要心存成見。

7 比孩子更快掌握問題的核心

有時父母會把注意力放在糾正錯誤。文斯告訴我說，當他改變了自己老是把焦點放在糾正正在念二年級、八歲女兒羅麗塔的錯誤的方式後，情況有了很大的轉變。文斯一開始覺得很沮喪，因為他檢查羅麗塔的拼字讓他很洩氣，而這也讓羅麗塔感到很憤怒。可是一旦文斯開始強調羅麗塔在拼字方面的「小小勝利」，而不是在她拼錯的地方畫紅線之後，他們兩個都變得更有耐性了。另一位父母提娜也發現同樣的道理，這讓她幫她五年級的兒子解決數學方面的問題。

下次當孩子把功課拿給你檢查時，請先把焦點放在他做對的題目與拼對的字。至於他做錯的部分，試著對他說：「如果你重新再檢查一次的話，我敢說你會有不同的答案。」正如文斯與提娜所發現的，當孩子在做困難的功課時，如果你把焦點放在他做對的地方（**同時也要鼓勵他**），會讓孩子產生比較正面的情緒，也更能幫助他。如此一來，也更能幫你解決「我做不到」的問題。

8 跟孩子討論功課

回家功課常成為親子之間的禁忌話題。千萬別讓這種事發生在你身上。請你用冷靜、堅定、不掌控的口吻，問問孩子功課的問題，並持續以正面態度與他溝通，這些具有引導性與支持性的問話，可以幫助他思考該怎麼進行，並把整份功課切割成更小更容易做的部分。以下是一些問話範例：

◆**你知道自己現在該做些什麼嗎**？有位朋友告訴我說，有一次當他準備要做飯時，他要興致勃勃的兒子把炒菜鍋拿給他。他兒子笑著說「沒問題，爸。」五分鐘後，兒子怯生生地跑：「炒菜鍋長什麼樣子啊？」我希望你明白我的意思。在做功課時，首先得讓孩子先看一次問題，然後要他用自己的話把問題是什麼重述一次。我想起有個五年級的孩子需要有人告訴她什麼是分子分母，她才會做功課。如果你很瞭解這些科目的話，就可自行透過一些實例來教孩子。但要讓他自己做習題。（如果孩子無法掌握習題的意思，或許可以請老師把指示寫下來，然後你再念給他聽）

如果孩子不懂題目的意思是什麼，跟他一起把題目念出來，然後一起討論該怎麼做。你必須確定題目裡沒有孩子看不懂的字。如果有的話，幫他瞭解那個字的意思。如果你們都不瞭解習題的意思，可以打電話給孩子的同學，或是與老師連絡。

◆**你是否準備好所有做功課時需要的東西**？注意力不集中孩子的書包與書桌經常是亂七八糟的。有時孩子可以需要一些特殊文具，像是顏色鉛筆、尺、地圖或參考書。他們常忘了自己有什麼文具，或是忘了擺在哪裡。確定孩子有所有需要的文具，而且放在容易取得的同一個地方。如果你無法提供孩子這些必須文具的話，不妨問問看老師、輔導老師或校長能否提供。同時，問問當地圖書館或學校圖書館是否可以提供書本或其它資源。

◆**用什麼方法最可以讓你把功課做完**？許多注意力不集中的孩子都發現，如果有人能告訴他們做功課的必備步驟是什麼，會讓他們安心許多。有時一份寫好的清單也可以降低孩子的焦慮。儘管孩子可能會狠狠瞪你一眼，但如果你在孩子做功課前建議他重新再看一下筆記（或重新讀一次教科書）會很有幫助。

◆**你以前是否看過類似的問題**？新教材會讓注意力不集中的孩子心生恐懼。但顯然他無法不學新的觀念。當孩子正要解決某個題目時，盡可能找出過去處理過類似問題的經驗，並利用這點來建立他可以成功解決的心態。

◆**你寫的答案有沒有道理**？注意力不集中的孩子經常不經思索便匆促寫下答案。教孩子先停下來，想想自己的答案是否正確很重要。教導孩子思考他的數學答案是否合乎邏輯。基於同樣的道理，建議孩子對自己的答案提出疑問。如此可以提醒他，其實大多數小孩在把功課交出去前，都會重新檢查自己寫的數學答案，或是重新修正一下文句。

◆**你是哪裡弄不懂**？我們每個人都會踢到鐵板。不過注意力不集中的孩子碰到不會做的題目時常會陷入死胡同。他們總是用「就是那裡」這個字眼來形容他們不懂的地方，然後便因遇到瓶頸而感到洩氣。請你記住這點並教導孩子要堅持到底。明智地協助孩子解決問題的癥結並沒有什麼不對。不過這跟幫他做功課可是兩碼子事。

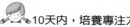

❾利用時間，而不是讓時間利用你和孩子

許多注意力不集中的學生做一、兩個鐘頭的功課，跟做十分鐘的結果沒有差別，而他們唯一能做的，就是在同樣的地方打轉。隨著時間的流逝，由於課業沒有太大進展，不滿足之感便會日益增加。

瑞秋是個腸枯思竭、不知該如何是好的母親，因為十五歲的兒子菲爾每天晚上做功課都得拖上幾個鐘頭。菲爾非常努力想把功課做完，可是一直無法專心，而且總是在做功課的過程中失去方向。我幫助菲爾在他做功課卻徒勞無功、而媽媽要他別再做了時，不再有那麼強烈的威脅感。

在許多例子當中，有效率的時間管理也非常有效。透過這個方法，你可以用時間觀念來激勵孩子，而不是降低他開始做功課與做完功課的意願。舉例來說，如果你那個念六年級的孩子知道可以用半個小時做一部分功課，那麼就可以不必趕著馬上做完，而可以先看看電視。如果你在他看電視之前檢查功課，便可確定他不會用隨便的態度做功課，而且等於是給了他一個努力的目標。限定孩子做功課的時間，可以讓孩子不會「忘記把功課帶回家」，也可以養成固定時間寫功課的習慣。

另外，如果你引導孩子每十五或二十分鐘休息一下再做功課，會讓他覺得做功課比較輕鬆。不需要對孩子寫功課時間有嚴格限制。延長加寫功課的時間可能需要經過「路考」之後，才能決定該怎麼樣才能讓孩子奔馳（或繼續奔馳）在回家功課的高速公路上。

⑩督促孩子做功課，但避免替他完成

先前我曾經提過，你不該替孩子做功課而讓他逃避。我看過許多父母為了讓孩子自行解決問題並從錯誤中學習而感到萬分痛苦。這可能會讓某些父母為孩子做完所有的作業。

釐清「支持孩子努力做功課」與「讓孩子變成逃避做功課」之間的差別，並不是件易事。你絕不希望把孩子教成一個逃避責任的人。如果你幫孩子把困難的功課做過頭，可能會覺得幫了他大忙，但其實反而是害了他。事實上，這麼做會造成更慘的結果，因為這只會養成他的依賴性，而且你只會對他感到更絕望。

通常小學生在做功課時，喜歡有人跟他在同一個房間，以免有問題時卻無人可問。如果有人很關心孩子課業之外的問題，不妨與他談談你對孩子課業的期待。根據我的經驗，主張做功課重要性的保母，在支持孩子把功課做完有很大的助益。事實上，有時父母不再扮演監督者的角色，反而會讓整個家庭的互動更好。

檢查念小學的孩子有沒有做功課，是個不錯的主意。如果念國中的孩子也有這方面的問題，最好也要檢查一下。如果孩子在你不在時把功課做完，等你回家時最好再確認一下。等老師把作業發還回來後，如果孩子自認成績還不錯，不妨看看老師的評語是什麼。

請將上述各點謹記在心。如果孩子無法做完功課，而他真的已經很努力，請你寫張字條給老師解釋一下，像是：

◆作業指示不夠明確。
◆你無法幫孩子有系統地完成作業。
◆你無法提供孩子需要的文具或教材。
◆你跟孩子都不瞭解作業的目的。
◆作業經常太難或太簡。
◆作業份量不平均。舉例來說，星期一、二、三沒有作業，但星期四卻要孩子做完四份分量很多的作業，而且隔天就得交。
◆孩子錯過了幾堂課，需要補課。

大部分老師都會瞭解上述狀況。如果孩子有嚴重的學習障礙，或是屬於非常容易緊張的人，他可能必須面對非常重大的挫折、憤怒與失望。他需要額外的課業輔導。如果孩子屬於這種情況，請翻回「第四天」的內容，重新看看更多有關特殊教育計畫的地方。

⓫利用清單檢查孩子的課業

讓孩子養成使用清單的習慣，來檢查自己的待做事項。讓孩子從清單上刪除已做的課業，是個很有用的方法。喬是我輔導過一名九年級的孩子，他可說是注意力不集中青少年的縮影，因為顯然他覺得「做功課簡直是遜斃了」。我們的輔導課進行了一陣子。後來在我鼓勵喬到藥房櫃臺打工後，他很快發現如果他在學校表現良好的話，未來三十年就不必在同一個店裡當櫃臺小弟了。

喬在開拓了自己的新視野，並瞭解到沒有任何法令會解除做功課的規定後，開始嘗試做些自己過去沒做過的事。他利用清單檢查功課，並發現在清單上劃掉已經完成的功課很有成就感。教教你的孩子如何用清單把必須做的回家功課、家事及各種注意事項分門別類。如果連絡簿對孩子不管用的話，或許可以用小的便條簿或筆記本記下回家功課有哪些。

⑫和孩子一起整理筆記

我不知道你會不會這樣，不過當我收到一堆報告或帳單時，真的是快被打敗了。相信我，如果孩子背包裡或書桌上滿滿都是作業，肯定會狠狠地擊垮他。幫孩子用講義夾或筆記本把所有的資料分門別類，會讓他在複習當天所學內容，或在稍後消化講義為考試做準備時比較容易。利用夾子或不同顏色的筆記本將上課筆記分開來。透過「待做」與「已做」不同的講義夾，可以有系統地把練習題、通知、需要家長簽名的事項整理好，也可以把已做完的功課放在最中間。

我建議你可以每週跟孩子一起整理書包及筆記本一次。舊考卷及講義要整理妥當，把它們單獨放在講義夾。你可以在家裡擺幾個不同的盒子放舊作業、課堂筆記及考卷。我知道有位母親在孩子房間裡放了好幾個櫃子，專門置放舊的講義。

不論你存放孩子講義的方式是什麼，都必須根據科目、時間順序來存放，以備不時之需。通常我會建議孩子根據粗略的時間先後來存放，不必拘泥於精確的時間順序，因為這會讓他們覺得太麻煩而不想做。只要能把舊資料放在最底層就不錯了。等孩子大一點之後，便可以自行調整整理的方式。這對孩子把講義夾保持條理且即時、不必老是放一堆舊的資料，是個非常棒的方法。孩子的書包愈輕，就會覺得負擔愈輕。要老師檢查孩子在學校的置物櫃是否收拾乾淨，也是個不錯的主意。

⑬為孩子規畫適度且規律的活動

孩子下課後總是有一堆活動（空手道、足球、宗教課程、童子軍等只是其中一部分）。此外在這個混亂的世界裡，各種電子傳播媒體（電視、電話及各式各樣的傳播設備）侵犯了日常作息及穩定的家庭生活。請你盡可能把孩子用晚餐與上床時間固定下來。固定的作息可以讓孩子放寬心。這會讓他在家裡建立起固定的生活模式。孩子有固定的上床時間，上學時才會精力充沛。請限制他一天中只有特定時間才可以看電視與電腦。

⑭使用大型日曆來記錄

戴安是三個患有ADHD孩子的母親，她的丈夫也有ADHD的問題。她發現利用與一個與牆面同樣大小的大型日曆來記錄家務瑣事、孩子應負擔的家事、課外活動時間、不用上學的日子、以及學校及家裡發生的大事，是個非常棒的方法。當孩子有大考或重要計畫待交時，可以用這個方法在日曆上面註明。這可以幫助你追蹤每個活動的進展，避免活動日期有所衝突。這個方法也可以幫助你保持清醒。

⑮讓孩子養成在上學前一天即做好準備的習慣

在孩子上床前，鼓勵他（用你冷靜、堅定、不掌控的聲音）先把書包裡的作業與書本整理好。如果能把明天上學要穿的衣服、鞋襪與其它用具準備齊全的話更棒。雖然我很懷疑你家那個十六歲的青少年會願意這麼做，不過你應該懂我的大致上的意思。任何一種防範於未然、有條理經營人生的策略，往往會因早上孩子匆促上學所造成的混亂與混淆而削弱了力量，所以請事前讓孩子在前一晚先做好準備。

⑯試著幫孩子請一個「好」家教

如果你可以找到一個孩子喜歡的家教，會對孩子做回家功課大有助益。當然大部分家教是在協助孩子解決在學校學不會的觀念。此外家教的目的，是在指導孩子做回家功課。請一個能用正面方法處理事情的家教——既可讓孩子不必受你監督，也能讓你休息一下。有些社區圖書館提供免費的家教服務。或許孩子學校也有提供免費的家教。

⑰在家準備一套課本，以加強效率

正如我在「第四天」提過的，在家準備一套課本，可以加強孩子做功課與念書的效率。學校或許可以、或無法提供這方面協助，必須端視他們是否有多餘的課本，或是否有合作意願。請你從瞭解是誰負責提供備份課本開始著手，然後與這個人聯繫，告訴對方你有很好的理由需要多一套課本。艾麗森是我輔導過的一名十三歲的七年級學生，她常忘記把課本帶回家。自從爸爸馬帝向校方要求另一套課本之後，她做功課方面的問題便大幅減少了。這也讓馬帝再也不用晚上載女兒到學校，還得拜託警衛讓他們到置物櫃去拿課本。

⑱為孩子樹立良好模範

如果孩子看到你在看書、寫作及做些需要思考與努力的事情，也會比較愛念書。或許你可以坐在孩子旁邊，在他做功課時處理你的支票或是看書。

另一個樹立良好模範的方法，就是跟孩子談談（當他不是在做功課時）你成功經營人生的方法。這也能幫你與孩子分享過去如何面對挑戰與困難的經驗，以及從這些經驗中學習到什麼。你愈是願意透露自己的缺點與弱點，孩子就會愈感覺你真的瞭解他的難處，也會與你更親近。

⑲對孩子表示你對他的學習感興趣

花點時間帶孩子去圖書館，找他做功課需要的資料（當然也是爲了好玩），並盡可能與孩子一起讀書。在家多討論些跟學校及學習活動相關的話題。問問孩子當天在學校討論了什麼。如果他沒什麼可說，試試看其它方法。舉例來說，讓孩子大聲朗誦自己寫的故事，或是討論科學實驗結果。

另一個表現出你感興趣的方法，就是參與學校活動，像是家長會、表演及體育競賽。如果可以的話，請自願當孩子班上或特殊活動的義工。認識孩子的同學及其他家長，不只能表現出你對孩子的興趣，也可以幫助你建立良好的親子關係。鼓勵孩子參與有助於學習的活動，像是教育性遊戲、參觀圖書館、社區散步、參觀動物園或博物館，另外，做家事也可以培養孩子的責任感。

⑳注意孩子長期的功課表現

提醒你的孩子，從遠方看大象時看起來好像很小，但當牠就在眼前時，可是非常巨大。孩子對於長期課業也應抱持同樣的態度

通常老師會提供孩子一些做長期功課的訣竅，不過這是種必須花時間及練習才能養成的好習慣。你可以在家裡加強孩子這方面的習慣。其中一個方法是幫孩子分配好做功課的時間。試想你八年級的孩子在三個星期後要交一份讀書心得，你可以與他討論完成這份心得所需要的步驟，包括了：

- ◆選擇主題。
- ◆閱讀書本及其它需要的資料，以進行研究。
- ◆找出與主題相關的資料，並做筆記。
- ◆想出可以討論的問題有哪些。
- ◆寫大綱及草稿。
- ◆修訂草稿並完成最後的定稿。

㉑幫孩子瞭解學會如何念書

我念大學時不知道該如何念書。那時我看到很多同學手上拿著螢光筆，在宿舍或會客室裡拿著書畫重點。我不確定那枝螢光筆幫了他們什麼，不過螢光筆倒是沒幫我多少忙。我從此再也不在課本上畫重點了！

顯然沒有一個人天生就會念書。我認為念書必須透過積極閱讀課堂上的教材，以及經過充分的消化與理解。這是個無須狠狠失敗才學得會如何念書的方法。

以下將提供你一些基本的讀書訣竅，能讓你協助孩子學會如何念書。

1.快速養成良好讀書習慣

這裡有些基本的讀書技巧可以傳授給孩子。當你教孩子這些技巧時，記得要保持冷靜、堅定與不掌控的態度。此外，你也可以修改較適合你們需要的方法。

2.學習時間管理的要領

再也沒有什麼比考前臨時抱佛腳會造成更大的壓力了。葛羅麗亞是兩個十一歲患有ADHD雙胞胎的媽媽，她發現在社會考試前替兩個五年級的孩子做準備真的很有用。她教兒子如何遵照時間表念書。然後假裝自己在考試，並寫下模擬習題的答案。這裡還有更多方法可以讓孩子有效管理時間，並啟發他們做得更好。

◆利用日曆追蹤計畫、作業、會議、考試與活動進度。艾比發現利用這個方法，可以幫十三歲的兒子卡爾避免因課業過多而無法負擔。事實上，他們有個口號叫「預防最重要」。正如他們父子所學到的，重點是事前先做好準備，以免時間不夠。

◆如果時間允許的話，請你把星期天晚上當成是計畫時間。跟孩子一起看看下星期有什麼考試，並安排讀書時間表，這樣他就有時間可以做任何想做的事。

◆協助孩子根據事情的輕重緩急，列一張待做事項的清單。奧布蕾教兒子依森在清單上把做完的事項劃掉，每一次他這麼做時，奧布蕾與兒子就會擊掌慶祝。所以在這裡我們再次學到一件事：不要拖延困難或重要的事而不做。如果作業看起來很難應付，把它切割成小部分，再根據優先順序逐一完成。

3.運用有效策略應付課本與閱讀作業

閱讀作業對注意力不集中的孩子來說，是非常嚇人的事。教孩子運用以下策略，可以讓他不再視閱讀作業為畏途。

◆要孩子先快掃描每個章節的標題，然後想想自己對這個題目知道些什麼。

◆要孩子先讀前言，然後寫下章節的主要思想。

◆你必須特別強調小標題、黑體或斜體字、任何插圖及照片、摘要或結論的重要性。這會提醒孩子一些主題及重要觀念。

◆另外還有個很有效的方法，就是讓孩子在閱讀這章內容前，先讀讀最後的幾個問題。這可以暗示他有關這章的重點。

◆等孩子讀完整篇內容後，要他在筆記本上寫下重點，用螢光筆在重要句子上畫

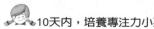

線，或是在課本空白處作筆記。作筆記可以讓孩子把焦點集中在課本上，這對注意力不集中的孩子而言真的很有用處。

◆跟孩子一起做模擬習題，讓他能夠應付考試。幫三年級孩子準備拼字測驗，當他把生字拼出來時，你就在旁邊把字念出來。然後讓他自己訂正錯誤。

在資源篇的部分列了許多相關書籍及小冊子的資料，可以提供你更多有關孩子如何更有條理並培養良好讀書習慣的訣竅。

㉒對孩子多加鼓勵與讚美

不論老少，每個人都喜歡聽到別人的鼓勵與讚美。孩子很需要對對他最重要的人——爸爸媽媽的鼓勵與讚美。沒有什麼年齡的孩子跟我抱怨說，爸媽給他們過多的鼓勵與讚美。記住，鼓勵可以強化孩子的努力，而讚美無異是在認可孩子的表現。這兩者都很重要。

以下是鼓勵孩子的例句：

- 「即使你沒寫完數學作業，但你眞的已經很努力了。我眞是以你爲榮。」
- 「我知道你不喜歡老師規定要看的書，但我很高興你試著並且把它看完了。」
- 「即使你考不及格，可是你已經盡力了，我對你所付出的努力很感動。」

以下是些讚美孩子的例句：

- 「你寫的這份讀書報告草稿眞不錯！」
- 「你表現得眞好，得到了今年第一個九十分，太棒了！」
- 「你比去年表現得讚多了，眞是太好了！」

記住，鼓勵與讚美可能得花上一段很長的時間，才能激勵孩子做完功課。注意力不集中的孩子需要你的支持，而且是長時間的支持。讓你的批評更有建設性。你不該問你三年級的孩子說：「你不會把寫得這麼糟的作業交出去吧？對不對？」而應該說：「如果你字寫得更工整的話，老師會比較容易瞭解你的意思。」當他把作業改得比較整齊時，記得要誇獎他。

㉓確認孩子有把作業交出去

許多注意力不集中的孩子會忘了交作業，即使他們把作業都做完了！這會讓爸媽氣得想捉狂。為了讓你保持冷靜，我建議你與孩子的老師可透過電話或電子信箱保持聯繫。父母與老師之間的溝通，對於瞭解孩子的近況及解決課業問題很重要。在某些例子中，學校的心理輔導問也可以幫你解決這方面的問題。

我曾在一所服務過的學校，見到有個孩子常在放學後被留下來寫功課。這讓這個孩子開始思考未來該怎麼處理自己的功課問題。結果你猜怎麼樣？最後他決定在家裡做完。我的重點是，只要孩子愈常把作業交出去，成績就會愈好。或許你、學校、或是你們雙方會因此而增加許多責任，但若是你們願意把時間與精力花在讓孩子能把作業交出去，絕對是最好的投資。

㉔如果孩子一直有作業方面的問題，要求與老師見面

簡短告訴老師你為何必須與他碰面。你可能不是第一次為此而與老師見面，不過也沒有關係。你可以說：「羅比不會做數學作業。我已經盡力幫他了，可是我很擔心他無法解決這個問題，也許我們可以一起幫他。」不要直接跑去找校長，而不給老師任何機會與你共同解決孩子的問題。

請用合作的態度與老師接觸。相信老師很願意幫助你與孩子，即使你並不同意他的某些想法。如果老師與父母互相敵視的話，是很難解決問題的。如果你對老師有所抱怨，也請儘量不要攻擊他。舉例而言，你不該對老師說，你覺得回家功課實在是太恐怖了，即使你真的是覺得如此。你可以說：「我很高興凱文一年級就學加法與減法，可是他很不想做數學習題。我們可以想出什麼其它方法，讓他同樣也能學會加減法嗎？」這樣或許可以鼓勵老師讓凱文（以及其他同學）用其它方法學加減法。或許他可以透過移動釦子或貝殼來學加減法。

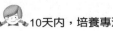

做功課多半是有益的，很多孩子會發現做作業很有趣。例如：

◆同樣的主題或課程，可以用不同的方法來教學生

◆可以給想接受更多挑戰的學生額外的功課。

◆在特定領域有問題的學生，可以給他特殊的作業。

當你與老師見面時，向他解釋孩子的狀況。如果你不知道問題在哪，也必須告訴老師。有時注意力不集中的孩子告訴你他的問題在哪裡，但卻與老師認為的不一致。所以請你留意孩子是否會說謊。例如孩子可能告訴你說，老師從來都不解釋作業，所以他才會不懂。但老師可能會告訴你說，孩子在發作業時從來都不專心。

你也必須確認與老師的溝通暢行無阻。傾聽老師的意見，在你還沒搞懂他的意思前不要離開，你也要確認老師真的瞭解你的意思。如果你發現自己還不瞭解某件事，請打電話給老師再確認。這能夠總結最後你們都同意的事項有哪些，例如：「好的，請繼續追蹤肯的作業，我每天晚上都會檢查並在他的新作業上面簽名。這樣我們就能確定我知道他把功課做完了。我這樣說沒錯吧？」

請你持續追蹤以確保你們達成協議的方法有效。如果老師說孩子必須花更多時間練習寫字技巧或算術除法的話，請你在一個月後再檢查一下他的進步程度。

第五天的總結

對注意力不集中的孩子來說，他們很難開始動手做功課，也很難專心做功課並把它做完。協助孩子做功課，是能幫他在學校與生活表現良好的機會。透過協助孩子做功課，可以讓他學習到紀律與責任等重要課題。孩子能愈早開始進行本書提出的建議會愈好。儘管如此，只要能讓孩子掌控自己的功課，並讓他的求學生涯與人生產生巨幅改變，永遠都不嫌遲。請記住以下有關回家功課的重點：

- 留意（你與你孩子）強而有力的負面情緒，足以影響做功課的成效。
- 以冷靜、堅定、不掌控的態度，減少因做功課而產生的權力鬥爭。
- 以鼓勵與支持的態度協助孩子做功課。
- 與學校保持連繫並參與學校活動，確保孩子能成功地做完功課。
- 你是否做完本章的建議事項並不重要。最重要的是，你必須願意花時間並努力參與孩子的教育，幫助他克服注意力不集中的問題。

第6天 克服同儕相處危機

——22個讓孩子與同學和平相處的方法

安妮塔是十歲艾迪的媽媽，她半開玩笑跟我說，她非常懷念艾迪剛會走路的那段歡樂時光：「那時日子實在是輕鬆多了，而且沒有那麼不快樂，」她歎了口氣。我輔導艾迪時他正在念五年級，而且那一年他過得很慘。因為他無法控制自己注意力不集中、衝動及憤怒等問題，而被所有的同學排擠。

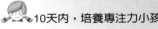

在我們進行輔導的第一個階段，安妮塔告訴我艾迪小學時跟同學發生的一些令人心痛的經驗。最後，在艾迪加入一個學習社交技巧的團體、並經過我的輔導之後，才開始比較懂得如何處理人際關係。

雖然對每個孩子來說，交朋友與維繫友誼都不是件容易的事，但注意力不集中的孩子特別不容易交朋友並維持友誼。相較於其他孩子而言，注意力不集中的孩子在社交場合中有很常會被人誤解，或表現出不恰當的行為。他們常在與人對話的過程中沒有重點，而且無法持續地談話，讓其他同學不瞭解他們到底想說什麼。他們也常有過動的傾向，喜歡嘲諷或動手推擠人。這些不協調的行為與社交上的笨拙，會讓他們受到同學的排斥。

今天我的重點要放在讓你瞭解孩子在交友上的挑戰與困境。你將會學到許多非常有用的想法與策略，讓孩子朝向更健康的人際關係邁進。

幫助孩子有健康的人際網路

有一件很殘酷的事實，那就是注意力不集中孩子的人際問題，會讓他的人生困難重重。例如有交友方面問題的孩子，往往在青春期時也是焦慮、行為與情緒失控、濫用藥物、品行有問題的高危險群。雖然如此，只要你願意透過有效的示範技巧，理解心與充滿熱情的行動，還是能帶領他遠離危險的同儕關係，而將他導入更健康的人際網絡。以下是我輔導過的幾個較具代表性的孩子的故事，他們均成功克服了人際關係方面的問題。

布萊特的故事

二十一歲布萊特有ADHD的問題，我在幾年前輔導過他與他的家人。他讀大學放假時來我這裡「報到」。這個年輕人坐在我面前，跟幾年前我看到他時有了非常明顯的轉變。在過去那段日子裡，布萊特被同學嚴重地排擠。他不敢兩眼直視他人，說話經常離題，不擅與人交談，而且過度熱情到讓人產生壓力，讓他很難交到朋友。不過這天布萊特很驕傲地跟我說，他的大學生活還算不錯，最近還交了一個女朋友，未來考慮要從事會計工作。

顯然布萊特是個很成功的例子。但在我們交談的過程中，讓他回想起過去那段艱困的歲月。以前布萊特的掙扎，多半是因為注意力不集中所造成的，使得他的求學生涯有如一場夢魘。這點對他日後的人際關係亦造成負面影響。布萊特告訴我：「想起當時我在學校考試時，我對自己說『我才不在乎自己考得怎麼樣』，因爲我覺得看起來『又壞又酷』，總比愚蠢要好多了。我從來都不知道，這會讓其他同學覺得我眞的很像個失敗者。」

雖然布萊特的例子十分常見，但我也見過恰好相反的情形：兒童與青少年在人際關係出問題時，也會影響學校成績。在這些案例中，注意力不集中的孩子會對人際關係感到洩氣，因而失去了責任感，尤其是課業方面的責任感。

布萊特進一步回想過去說：「傑夫博士，那時我做什麼都失敗。我根本就不在乎任何事情，因爲我感到既迷失又消沉。跟我交往的朋友也因此惹上麻煩，因爲大部分受歡迎的孩子都不喜歡我。所以我只能跟那些失敗者、壞孩子交朋友，因爲只有他們願意接納我。我很高興自己振作了起來，因爲有一次我眞的以爲自己會去坐牢。」布萊特指的是他有次因偷東西被逮到。所幸他有一對既有耐性又很支持他的雙親，協助他激發出課業與人際方面的潛力。他們不願意放棄布萊特，而布萊特也從沒放棄自己。

戴瑞的故事

十一歲的戴瑞來找我做過諮商，他是社區籃球隊的一員。最讓他感到困擾的，他無法專心看到籃球在哪裡。事實上，他只有本事判斷球不在哪裡。簡言之，他在籃球場上的表現並不理想，而這嚴重影響了他與隊員的關係。最後戴瑞的自信跌落至谷底，而其他隊員也認為他不夠稱職。因為其他十一歲大的孩子是這麼看待戴瑞，因此這種令人心碎的苦惱讓戴瑞深受打擊。

不過戴瑞始終沒有放棄打籃球。一年後他被診斷出有妥瑞症，這類病患會為神經的不自主顫抖所苦（我在「第七天」會更深入討論妥瑞症及其相關症狀）。當我進一步詢問戴瑞的同儕關係時，他滿眼都是淚水地說：「跟我同隊的隊員都很爛。我恨他們。」

在我與支持戴瑞的父親、也是主要擁有戴瑞監護權的一方輔導戴瑞的過程中，他的情況逐漸好轉，而且他也將精力從體育轉投入童軍活動，而這個活動似乎比較適合他。根據我的經驗，市民團體組織像童軍團，對有特殊需求的孩子，包括注意力不集中的孩子會比較合適。當戴瑞在態度與想法有了改變後，人生也有了更好的轉變。

雀兒喜的故事

注意力不集中的女孩並不比男孩的問題少。十四歲的雀兒喜在剛進高中時，對於自己的社交關係非常焦慮。這點常讓她容易分心，並成了人際關係上的弱點。與一群女孩坐在一塊吃午餐卻無話可說，肯定會讓她覺得非常焦慮。

雀兒喜告訴我一則她在學校自助餐廳與朋友吃飯的悲慘故事。她一直對自己的社交技巧很沒自信，不過她覺得艾麗森、一個雀兒喜覺得挺友善的女孩，似乎對她蠻好的。直到有一天當艾麗森要去取飲料時，艾麗森的朋友戴澤拉以諷刺的口吻對她說：「艾麗森會對妳好的唯一理由，是因為她覺得妳很可憐。」幾年前有一首很流行的歌，歌名是〈女孩只想玩樂〉。這麼多年來，根據我聽過許多類似的故事後，我覺得可以在這首歌的歌名後面加上一句：「但小心在玩樂之後，女孩只會惹禍上身。」

經過這種負面打擊後，雀兒喜為了逃避與大家吃午餐，不是跑去大廳散步，就是去學校圖書館。嚴格的副校長認為她應該接受處罰，讓她有如受到二度傷害。不過經過雀兒喜的爸媽、輔導老師與我一起幫助她後，雀兒喜的情況開始好轉。透過我們的支持與鼓勵作為起點，雀兒喜冒了一點風險，開始參加教會的社交活動。她帶著重新建立起來的信心，堅強地度過了學校新鮮人的剩餘時光。儘管她在午餐時間仍未得到其他女孩的接納，但她自覺人際關係已經好多了，而且她也學了不必把其他十四歲同學的放冷箭、操縱及駭人聽聞的事當成一回事。

奧斯丁的故事

我也輔導過一名十四歲的男孩叫奧斯丁，那時他的爸媽決定要離婚。奧斯丁很擔心爸媽吵的愈來愈兇，亦對此感到不解。充滿壓力的環境，讓奧斯丁變得很不容易專心，跟朋友也變得比較疏遠。經過幾個月的諮商後，奧斯丁開始接受爸媽婚姻有問題的事實，而且也能夠與同學和好相處了。

上述這些故事，反映了不同類型注意力不集中的孩子在面對一般人際關係起伏時所受到的折磨。只要你能盡快發現孩子在人際關係的問題與衝突，就可以幫助並支持他。你只要記住，無論如何，不論孩子是幾歲，只要你願意伸出援手，便永不嫌遲。請記住，如果你想讓孩子能在當下及未來的世界生存並茁壯，就得讓他學會如何與人相處。

⊙以下是些常見於注意力不集中孩子人際問題的典型觀察與狀況。請你讀完以下這份清單，並在符合孩子的項目前面打勾。

- □他抱怨自己都沒有朋友。
- □他沒被同學或鄰居邀請參加生日派對或聚會。
- □他很退縮，而且大部分時間都是自己一個人。（但是他很喜歡跟朋友在一起）
- □他無法參與團隊體育活動、或是社區團體活動。
- □他在看電影與參加活動時，無法保持安靜或平靜下來。
- □他在班上與同學（根據老師的說法）或鄰居小朋友處不來。
- □他抱怨下課時同學不跟他玩，欺負他，或是無視於他的存在。
- □他很恨、或不想聽你的建議（這種情況也常發生在覺得自己比較獨立的孩子身上，通常是九、十歲或更大一點的孩子）
- □他沒有什麼朋友。
- □他對兄弟姐妹很壞。
- □從來都沒有人打電話給他。
- □他的穿著打扮與他的年齡或身分背景不符。
- □他的自由活動似乎與其他同學很不一樣。

進一步審視為何孩子有人際關係的問題

為何注意力不集中的孩子常在人際關係上出問題，有幾種不同解釋。根據研究顯示，最明顯且簡單的解釋，是他們無法看出周圍環境的訊息（social cues），以及不知該如何對這些訊息做出回應，因為他們的注意力分散在太多不同地方了。每個人偶爾都會發生這種狀況，但不像注意力不集中的孩子如此頻繁。慣性長期注意力不集中的孩子也不會留意到父母及同學的社交模式，因為他們壓根兒就沒注意到。

對大部分的孩子來說，社交技巧是經由「同化」——透過觀察其它人在每天生活處境中如何應付而學習來的。但對注意力不集中的孩子來說，他們腦裡總是充斥著一堆訊息，干擾了自己吸收得以形塑其社交技巧及／或使用這些技巧的能力。這些能力有限的孩子常在缺乏情緒智商的情況下「獲悉」同學所傳遞的訊息。

注意力不集中的孩子缺乏情緒智商

根據研究注意力不集中孩子的研究顯示，他們經常欠缺情緒智商。欠缺情緒智商基本上就是情緒不成熟。心理學家丹尼爾．高曼提出眾所周知的情緒智商觀念，包括了我們理解，以及使用、調整及管理情緒的能力，而這些能力是決定人生成功與快樂與否的關鍵。

情緒智商是預估孩子是否能建立穩定人際關係、發展均衡的人生前景、在學校發揮最大潛力的關鍵。情緒智商包括以下五個特徵與能力：

❶**自我覺知**：了解自己的情緒，在任何感覺產生時都能察覺得到，並懂得區分情緒與感覺的差別。

❷**情緒管理**：能夠掌控因最近發生的事情所產生的感受，並適當地做出回應。

❸**自我動機**：「收拾」自己的感覺，並試著讓自己朝目標前進，除卻自我懷疑、慣性陋習及衝動。

❹**同理心**：察覺自己對他人的感覺，並注意其言語或非言語的暗示。

❺**經營人際關係**：處理人與人之間的互動，解決衝突，並懂得妥協。

如果孩子的情緒智商低於一般標準，那麼這就是他無法與同學相處的主因。你必須瞭解，許多你以為是孩子「自己選擇」不願意對同學做的事（包括更有自我知覺、控制衝動），其實他已經很努力了，但是卻做不到。若是孩子愈能學習控制自己情緒上的不成熟與限制，就愈能建立良好的人際關係並維持下去。

無法洞悉環境訊息而破壞了人際關係

正如前面所提到的，由於注意力不集中的孩子腦裡充斥著各種訊息，以致於無法對同學做出準確的行為與反應，會讓他們覺得自己無法融入社交生活、被人排擠，且常會感到沮喪。根據我個人的觀察，與我輔導諮詢與研究數千名孩童及與其父母的經驗，我對於造成這些孩子紊亂人際關係的原因，有更深層的想法。

在我的第一部著作《為什麼你不懂我的心》裡，我提到所謂「有毒的思想」（包括「你永遠都覺得只有自己己是對的」或「你是個自私的丈夫」）會在親密關係之間產生巨大的張力。夫妻之間的有毒思想會導致我稱之為的「3D效應」：**不專心（Distraction）、距離感（Distance）與疏離感（Disconnect）**。

3D效應也會造成注意力不集中孩子的人際問題，尤其因為這個問題會讓他們無法對同學的言行做出正確回應。這種誤解會讓他們對同學產生有毒的思想。正如你在「第四天」及「第五天」所看的，他們對學校與課業常抱持著負面及誇大的聯想。雖說每個孩子在某種程度上都會對同學抱持有毒的思想，但我觀察許多注意力不集中的孩子不是覺得同學超級完美，就是一無是處，或是對同學抱持有毒的態度（像是「我恨她」）。這在發展並維持人際關係上是個很嚴重的問題。

縱使每個孩子都在學習如何發展並維持人際關係，而且偶爾都會產生有毒的思想，不過注意力不集中孩子的有毒思想，會讓同學對他們產生不盡公允的負面看法。他們受限於無法專心的問題，所以很容易感到暴躁與憤怒，而且在每天情緒的高低起伏時，沒有足夠能力與耐心與同學相處。所以當他們讓同學感到失望——因為同學覺得他們從來都不願聆聽別人說話，被忽略，或是被取笑時，便會陷溺、或誇大了自己在這方面這種負面經驗。注意力不集中孩子對同學的有毒思想包括：「他老是愛打斷我講話。」、「我覺得他是個混蛋。」、「她笨死了。」、「他老是讓我惹上麻煩。」、「沒有人在乎我想什麼。」。

這種惡性循環會導致孩子更嚴重的自我挫敗。當注意力不集中的孩子為有毒思想所環繞時，會讓其注意力不集中的問題更為嚴重。我的意思是，如此會讓他們感到更惶惑，還會無法察覺自己人際關係出了什麼狀況。現在讓我們進一步審視3D效應裡的每個D。

❶不專心（Distraction）

孩子在說話與行動前必須很專心才能思考。注意力對孩子控制表達能力與情緒，也是極其必要的一環。十歲有注意力不集中問題的裘蒂常會異常地衝動。她像是一列載滿熱情的疾行火車，但卻破壞了自己的同儕關係，因為她的熱情讓人無法消受。裘蒂與同學在一起時，常會爆發出各種不同的情緒，而且有些反應真是非常滑稽。最後裘蒂傾洩而出的情緒，被青澀稚嫩的朋友視她為怪胎。當這種情況發生時，裘蒂就像許多注意力不集中的孩子一樣暴躁易怒，而讓她開始產生有毒的思想，而且讓她覺得「恨透了」朋友。

如果下列一個或一個以上的陳述，十分符合你孩子的情形，當他與同學發生衝突時可能會抱持著有害的思想，同時注意力無法集中：

- 當他與其他人討論某個問題時，最後常以爭吵收場。
- 他無法正確記住當初是為何與人發生爭執。
- 他不公正地對同學貼上負面標籤。
- 他自覺是衝突的受害者，而且無法看清自己的角色。

◆他對自己說的話常感到後悔。
◆他經常用「你總是／從來都不／應該」之類的字眼。
◆他經常誇大或指控同學，或是某些處境與問題。
◆他常在爭執時以尖叫、責怪、罵人或詛咒來收場。
◆他跟同學在一起時很容易生氣或暴怒
◆他無法純粹只討論問題，因為最後總會與別人發生爭執。

這種有問題的人際關係，會讓孩子產生無法適應的麻煩。以九歲的湯米為例。他常在遊戲場誤解別人的環境訊息，而對著人家大吼大叫，最後覺得自己總是被別人取笑。不過有個對湯米很忠誠的朋友始終沒有拒絕他。但經過一而再、再而三的負面互動後，他卻開始不願意再跟湯米玩了。湯米被帶來我這裡，因為他無法瞭解這個朋友，以及其它小孩不想跟他玩的原因。我的首要目標是以支持的態度，質疑湯米自覺一天二十四小時、一星期七天都被人取笑的想法。透過角色扮演，我的輔導，及學校社交技巧團體所提供的支援，湯米終於瞭解自己是如何不智地毀了自己的人際關係。此外，他也學會如何向我、家人、學校的輔導老師及支持他的老師傾訴自己的挫折，而不是把挫折感表現在遊戲場上。

與同儕之間的互動非常複雜，需要具備各種不同的能力。孩子在修正自己觀察他人的能力上需要旁人協助。他需要人能指點他如何與各種不同的孩子相處，也可以從容忍挫折、成熟地懂得妥協及分享中得到益處。

讓我們來看看另一個我輔導過有人際關係問題的案例。十五歲的泰德衝動且錯誤地指控朋友偷他錢。以這次的情況為例，他發現自己失控的焦慮感與受到注意力不集中限制的反應，對他的人際關係造成很大的損害。由於他把自己最好的朋友當成敵人，讓他因而被排擠。泰德困惑地坐在我辦公室裡，抱怨他的朋友「每個都又爛又笨」。由於這種扭曲、有毒思想造成的傷害，讓泰德注意力不集中，而且完全無法珍惜與朋友在一起的歡樂時光。

上面幾個例子，顯示了裘蒂與泰德因為有害的思想而深陷同儕鬥爭，也讓自己扭曲的觀念導致對同學產生既不正確、又惹人討厭的情緒反應。當我個別輔導這幾個孩子、並處理他們所受到的傷害及防衛心時，我一點也不意外會聽到他們說：「我沒做對過一件事」、「我無法讓人喜歡我」。當孩子無法釐清自己與同學相處的真正問題所在而又感到很挫折時，只會與同學漸行漸遠。

❷距離感（Distance）

當孩子開始覺得自己跟同學處不來時，會與其他人保持距離。多數人都知道失去社會連帶及被人拒絕的感受。這種感覺真的很糟。所以我們很自然會試圖避免被人拒絕，以免被傷害得更深。這也難怪當孩子與同學相處卻很痛苦時，會開始想要逃避。儘管與人保持距離可能會讓孩子覺得很安全，但這會他們的人際關係處於更為不利的狀態，因為他們會錯失了與他人正面互動的大好機會。

讓我們很快複習一下在「第五天」討論抗拒做功課時，我提到的接近／逃避理論。你可以回憶一下，接近／逃避理論的模型會對孩子做某些特定事情的動機產生同等正面與負面的影響。至於有關同儕的影響，如果孩子因被拒絕而感到痛苦，便會認為與同學互動（接近）的喜悅，比不和（逃避）不重要。簡言之，在孩子心目中，逃避與同學相處，要比跟他們在一起容易（且安全）多了。

遺憾的是，即使注意力不集中的孩子開始與同學保持距離，同學也不會注意到這點，因為他們壓根兒就不想跟這些孩子一起玩。

十二歲的肯尼讓自己與其他同學保持距離。在他無法面對面與朋友保持連繫之後，便開始沉迷於電動玩具。肯尼爸爸逼他每天下課出去跟鄰居小朋友踢足球。但遺憾的是，爸爸愈是逼他，肯尼愈是沉迷於玩電動。我先是個別與肯尼及爸爸進行諮商，然後再同時輔導他們兩人。後來爸爸對肯尼的期待變得比較實際，而肯尼也變得比較容易交朋友了。例如肯尼發現他邀朋友去打籃球，要比加入一個雜湊成軍的足球隊要容易多了。

❸疏離感（Disconnect）

若是孩子與同學始終保持很遠的距離，是在冒著全然與人疏離的風險。十四歲的布雷娜因為人際關係的問題，覺得自己感情受到傷害，並覺得沮喪。她被診斷出有書寫障礙及ADHD，同時在課業方面的表現亦不太理想。我們第一次進行輔導時，布雷娜是跟爸媽一起來的。她兩眼直視地板，一身黑色的衣服，畫著黑色眼線，塗著黑色指甲油，整個人看起來像是陷入黑暗之中。

等布雷娜更瞭解我以後，她開始放鬆一點。當她談到某些交朋友的問題時，對於我沒有對她的說法做任何評論而感到如釋重負。她父母不知道的是，布雷娜在被帶到我這裡不久前開始吸食大麻。不過她很棒的是，一旦她開始信任我，便不再吸大麻了。雖然在她在交友方面的問題並未因此而產生戲劇性的變化，不過已經改善了不少。

請你記住，每個孩子都有人際關係的困擾。注意力不集的孩子可能會發現，他們的交友問題源自於當與別人互動時，會因自己能力受限而無法正確回應。誤解別人的意思，情緒智商低，以及對同學抱持有毒思想，不必然會導致社交的悲劇與厄運。好消息是，這些問題可經由補強而得以克服，而且我將告訴你如何做到。

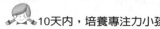

你能做什麼來幫助孩子建立自信？

我知道身為注意力不集中孩子雙親的責任有多大。你已經很努力在控制自己的壓力，讓自己能冷靜地處理孩子的問題，維持（或試圖建立）家庭和諧，以及幫孩子解決上學與做功課的困難。

現在請你考慮該教教孩子如何處理人際關係，並想些方法讓他面對這個艱鉅的任務。你的第一個反應或許是想把本書丟到火爐裡。不過在你這麼做之前，請你要瞭解到，除非孩子能學到新方法來處理人際關係，同時還能夠表現出合宜的舉止，否則將永遠無法終止被人排拒的命運。如果你使用本書提供的想法與策略，將能幫助孩子在社交方面有長足的進步。

正如我在「第二天」及本書其它部分一再強調的，瞭解你的孩子非常重要。真正的瞭解是建立孩子自信的最好方法。當你試圖協助孩子建立良好人際關係時，讓他對自己感到滿意與自信很重要。只要孩子愈喜歡自己，當他與其他孩子在一起時就會覺得愈安全，也愈不會產生自毀長城、吸引人側目的注意力。

建立孩子的自信

我在這個十天計畫中不斷提到，注意力不集中的孩子很容易覺得自己老是惹麻煩，而且沒有任何人——即使是自己的爸爸與媽媽喜歡他。請你讓你的孩子知道，你除了很愛他之外，也很喜歡他，而且會永遠在他身邊，做一個瞭解他的人。這會讓他表現出較和善的一面對待別人。以下是些能幫助孩子建立自信的有效方法。

❶無條件愛你的孩子

接受孩子的一切，不論他的能力好壞或優缺點，是表達出對他無條件的愛的重要方式。正如我曾說過的，沒有一個小孩，甚至是大人跟我抱怨說，他們被人過度珍惜或過度疼愛。雖然孩子注意力不集中的問題，可能會讓你發現他的某些選擇或行為讓你失望，但你必須讓他很清楚知道，你對於他做為一個人從不感到失望。有一點很重要的是，你對孩子的負面反應是只針對他的行為，而不是對他整個人抱持否定的態度。

我想起以前輔導過一名叫羅素的高中生，他錯認父母覺得他是「失敗者、不配擁有任何東西」，只因他的西班牙文不及格。但在輔導的過程中羅素瞭解到，儘管爸媽很在意他西班牙文成績不理想，但他們還是很愛他，並尊重他是他們的兒子。

❷設定孩子會成功，以培養成功信念

注意力不集中的孩子經常嘗到失敗的滋味，在家裡、在學校、與同學相處都是如此。很悲哀的是，這讓他們諸多的能力及天分無法被人瞭解或珍視。

告訴孩子你接受他的一切，包括他的能力好壞與優缺點，讓他也能夠接納自己。發掘孩子課業方面的興趣與專長，以及體育、藝術、音樂的天分。我輔導過一名十一歲的女孩，她在學校始終與同學處不來，但在青少年樂團的表現卻很傑出。她媽媽明智地利用這個機會，邀請樂團的人到她們家聚會，從此那個女孩開始交到新朋友了。

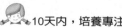

❸加強孩子情感的安全感

請你持續加強孩子情感方面的安全感，他才不會擔心你不瞭解或接納他而沒有安全感。我知道我以前說過這點，不過我還是要再次強調，瞭解孩子是你能給他的最好禮物。這會鼓勵他為了追求自我成長，而從事新的活動與機會。

雖說你不該逼孩子逼得太緊，但還是你可以提供孩子一些機會，一些具有建設性主題的新活動來引起他的興趣。許多孩子都告訴我，他們非常感激爸媽能敞開胸懷接納他們的需求。愛倫的例子是根據我臨床經驗所得來的。愛倫爸爸是退休的專業運動員，他非常鼓勵愛倫在舞台上演出時不按牌理出牌，甚至還會驕傲地為此大肆慶祝。愛倫的天分讓爸爸領略到了一個前所未有的世界。不過愛倫爸爸很棒的是，後來他發現自己不該支持兒子打亂原本在舞台上應有的演出。請你永遠要記得，你自己覺得很刺激或有趣的事，在孩子看來卻未必如此。

❹父母要時常留意自己說了什麼話

語言具有無與倫比的威力。身為大人的我們可以證實父母話語的威力有多大——無論好壞。請你要記得用關心的語言跟孩子說話，因為這對他的自信很重要。孩子喜歡聽到能建立自信的話，像是「謝謝你的幫忙」或「這真是個很棒的主意」。我發現我跟三個孩子在一起時，使用這些一般性的禮貌語言，便能製造出合作與相互尊重的態度。同時請你注意自己身為父母的挫折感，不要使用負面字眼傷害孩子的自信，像是「你要我告訴你多少次……」或「你怎麼會做出這種蠢事？」這不但無法建立孩子的自信，還會對他的自我認知留下有害且難以抹滅的痕跡。

❺鼓勵孩子發現新事物，以增強專心的程度

你可以鼓勵孩子發掘自己覺得有趣、並願意投入的興趣，來激發他的創造力。孩子愈能發掘周遭事物，就愈不容易因注意力不集中而感到沮喪。告訴孩子找出自己興趣所在的方法，例如透過運動來發洩無窮的精力。帶孩子到溜冰場或趣味主題公園玩玩，或是到圖書館、博物館或書店實地考察。你可以宣揚玩紙牌、下棋、打網球或高爾夫球等新的小團體活動的好處，並輪流跟孩子玩這些遊戲。

你可以透過讓孩子從事符合他年齡的各類活動來增強紀律與專注力，像是卡拉OK或舞蹈課。此外，儘管許多孩子不愛讀學校規定要讀的書，但他們還是對一些有趣的書籍很感興趣。不論孩子有興趣的事是什麼，跟他好好討論一下，參與他最感興趣的活動、與他一起讀他最喜歡讀的書、跟他一起想想他最喜歡想的事。

❻對孩子抱持實際的期待與目標

如果你老是希望孩子做出超乎他能力的事，他會對自己不斷地感到失望，而且會覺得你也對他很失望。最悲慘的是，最後孩子會將失敗者的角色內化成自我形象。請你對孩子的期望更實際一點。這可以長期鼓勵孩子為自己樹立更符合實際的目標。只要孩子對自己的目標愈實際、有辦法達成目標，就會愈容易產生信心，提升自我價值感。

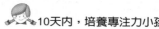

十六歲的李奧來我這裡接受輔導，因為他非常崇拜他爸爸媽媽，甚至覺得自己在爸媽眼中簡直是一無是處。李奧的爸爸是成功的建築家，媽媽則是一家大公司的主管。李奧有很長一段時間跟不上課業進度。儘管他已經很努力了，但成績只能拿到六、七十分。李奧爸爸無法理解為什麼他成績會這麼差。至於李奧的媽媽則對他一落千丈的成績感到很緊張，但多少還是比較能體諒他。

後來李奧在餐廳找到一份兼差工作，發現自己真的很喜歡跟廚師一起工作。那位廚師很快便喜歡上李奧，並把他當成自己的新徒弟。李奧發現自己在這方面的興趣後，便變更了學校的修課內容，準備未來要當廚師。剛開始爸爸很難接受「我兒子永遠不會成為醫生或律師」的事實。然而慢慢地，爸媽接受了這件事，而李奧也找回了他的自信心。

❼為孩子樹立良好的榜樣

讓孩子知道你對自己的感覺良好，也會犯錯，並能夠從錯誤中學習；告訴他你自認做過最正確的事，讓孩子知道怎麼做才對。請你多告訴孩子什麼是基本判斷及道德價值（尊重、友善、分享）。

我輔導過一名令我印象深刻的少年，有一次他媽媽不小心打破一面鏡子，而在把鏡子拿回百貨公司時，老實招認了這件事。有趣的是，少年有個朋友的媽媽在幾個月前弄壞一件東西，當她把東西退回店家時卻說了謊。所以當你與其他人相處時，隨時找機會為孩子的良好行為樹立典範，同時在問題發生時，向孩子示範應如何有效地解決問題。

❽參與孩子的活動，讓他知道他對你很重要

讓孩子知道他對你有多麼重要。每天跟孩子談談每天做了些什麼，他的興趣是什麼，功課狀況怎麼樣。這對建立他的自信心有很大的幫助。盡可能參加學校的運動會、家長會、音樂會及頒獎典禮。花點時間支持他與他選擇的活動。即使孩子嘴裡嘀咕，瞪你一眼，或是你向他揮手他卻置之不理，但我是敢保證，其實他心裡對於你願意來參加，簡直是高興得不得了。

我記得有位父親煞費苦心決定要參加孩子的活動。雖然他女兒花了點時間才同

意讓爸爸參加，但後來這名十歲女孩告訴我，她很高興爸爸能來看她的體育表演。就我所知，沒有一個大人會抱怨在自己成長的過程中父母過度關心、或樂於參與他們的人生。

22個讓孩子與同學和平相處的方法

這裡有二十二個簡單實用的策略，可以大幅改善孩子的人際關係。這些點子是來自於我的實戰經驗——根據過去二十年來，我輔導許多注意力不集中的孩子及他們父母的經驗。請你不要急著看到成果。只要你不把焦點放在孩子的改變，就是給孩子最好的支持，而且他的改變也會越快見到成效。

❶樹立傾聽的典範，並鼓勵孩子傾聽

許多良好的人際關係，都是源自於認真的傾聽。孩子學會如何傾聽，是與同學相處時很重要的技巧。我輔導過一名十五歲叫貝琦的女孩，她親眼見證了傾聽的力量。在聽完她說完一堆有關同齡女孩有多爛、自己有多倒楣的故事後，我建議她從今以後盡可能當她跟同學在一塊兒時少說點話，多聽聽別人怎麼說。貝琦很驚訝地發現，傾聽除了能與朋友發展更親近、可靠的關係，也讓她避免陷入少女們變幻莫測、反覆無常的派系中。請你不斷強調傾聽的好處，讓孩子認為傾聽是值得的：可以交更多朋友，也會較清楚自己身邊發生什麼事。

❷告訴孩子做什麼會讓他無法傾聽

以下是注意力不集中的孩子常無法傾聽別人的主要障礙，請你仔細察看並與孩子討論。

◆**打斷別人的話**：向孩子解釋為什麼打斷別人說話，會讓對方因為沒人聽自己說話而覺得不被重視，還會產生怨恨。

◆**主導談話內容**：請你告訴孩子，談太多自己的事會讓人倒胃口。提醒他問問同學發生了什麼事。我輔導過一位很有創意的家長，他教兒子用馬錶讓自己別說太久，並讓他得到具體的教訓，那就是「少即是多」。

◆**說話太大聲或過於喧譁**：告訴孩子，話說太大聲會讓人覺得不舒服。我認識另一位很有創意的家長，他自己用紙做了一個精緻的音量控制器，半開玩笑提醒孩子「練習把音量轉小」。這位家長聰明地用這個方法，讓女兒答應不再那麼大聲說話了。

◆**喜歡議論或奚落別人**：幫助孩子瞭解，如果他無法用正面角度跟朋友說話，最好什麼也別說。請你強調稱讚人的重要性。念中學的孩子特別喜歡彼此嘲諷。注意力不集中的孩子往往無法辨識什麼時候該住嘴，就是真的非得住嘴不可。請你用冷靜、堅定、不掌控的態度跟孩子討論這個問題。

◆**別人不照自己意思做時就生氣**：請你告訴你的孩子，如果發生某件令他感到失望的事，務必讓自己緩和下來，做幾個深呼吸。指導他用語言來表達對發生事情的感受，而不是訴諸肢體行為或急於逃開。提醒他傾聽別人，試著用別人的方法做做看的重要性。最重要的是，告訴他最要緊的是必須控制自己的感受，沒有人會故意讓他有任何特殊的感受。「第七天」我提到使用認知治療技巧時，會有更深入的討論。

❸加強孩子尊重他人的重要

提醒孩子尊重他人的重要性，並且以身作則。孩子學會尊重別人的其中一個方法就是觀察父母的行為。請你樂於處理與你意見相左的狀況。你是如何稱呼別人的？你是否在會別人背後說他壞話？你是否會因為自己的問題而怪罪他人？

請你要記住，孩子會從生長環境中學習。即使同學對他表現出毫不尊重的態度，千萬不要輕忽了你自己的言行舉止及價值觀，會滲透到孩子的內在。我聽過許多大人追溯自己的童年，我敢保證，你的價值觀終究會讓孩子牢記在心。

❹激發孩子的責任感

孩子必須學會為自己的行為負責，特別是當他們有注意力不集中的問題時。當孩子發現自己的言行不恰當時，你必須告訴他要為自己負責。如果他不知道自己的行為不恰當，請你透過引導式的問話來幫他釐清問題。舉例而言，你可以說：「我知道你對足球比賽感到很失望，不過你覺得對朋友吼叫，是你表達挫折最好的方式嗎？」

如果你在引導孩子時，他一開始即表現出防衛心很強的模樣，千萬不要被自己的情緒牽著鼻子走。只要抱持支持的態度向他解釋，為什麼某種特定的方法可能不會得到好的結果。強調維持友誼不是件簡單的事。以人性化的角度告訴孩子自己過去社交上的成功與失敗，強調你如何從錯誤中學習。建設性地以名人為範例也很有用。像是能表現出責任感與承諾以改進自己的運動員、音樂家、政治家及住家附近的大人。

❺向孩子示範如何道歉

注意力不集中的孩子可能會因學習方面的挑戰而犯同樣的錯誤，而變得防衛心很強，也拒絕向人道歉。**提醒孩子不必當個完人，適度的道歉是很正確的事**。在適當時機鼓勵他向別人道歉。然後演練一下如何誠懇而有效地道歉。讚美他在這方面的進步，並指出怎麼做可以讓道歉的方式更好。

❻讓孩子從少數的人際關係慢慢累積

如果孩子只是短時間與同學相處，可能會覺得自己還算應付得來。注意力不集中的孩子欠缺社交技巧，因為他們從不注意其他人的反應。雖然如此，當他們把焦點放在少數幾個同學時會表現得更好。在參加社團活動時只跟一、兩個同學在一起，可能會更好。

❼利用角色扮演及討論不同狀況讓孩子有所預備

年紀小的孩子（十歲以下）比年紀大的孩子更適合用角色扮演的方法。我認為超過十歲的孩子使用開放式的討論會很有效。

你必須告訴孩子一個很重要的觀念，那就是他會被人拒絕。當然，這是每個人都無法避免的事。不過注意力不集中的孩子常發生這種狀況。指導他如何面對艱困的環境，幫他找出解決之道。例如當孩子發現其他孩子正在玩耍時，自己卻孤零零地坐在一旁，協助他練習用低調的語氣問：「我可不可以跟你們一起玩？」即使孩子感覺很不舒服，透過角色扮演讓他處於那個情境，會讓他處在周遭環境時更有自信。此外，跟孩子談談該如何面對或好或壞的結果。要孩子準備好面對被別人拒絕不是件易事，不過當事情發生不如預期時，他卻可以從中學到重要的社交技巧。

此外你也要隨時記住，在問題發生的當下，一般常用的解決問題、角色扮演、討論問題的建議會有很大的幫助。你知道打鐵要趁熱。不過我建議你最好小心一點，放慢腳步，因為孩子心裡可能充滿負面情緒。等到他冷靜下來能控制情緒時，再跟他談談。跟孩子商量如何把社交活動切割成比較小的部分，試著一次只把注意力放在一個行為之上，然後想辦法讓這個行為成功。當你試圖導正孩子錯誤的社交行為時，請記住以下幾個指導方針：

◆**盡可能清楚而明確**。瞭解事情是怎麼發生的，以及孩子為何會發生麻煩。如果可能的話，你可以不只是為孩子而瞭解事情的來龍去脈，也可以為牽涉其中的其他孩子與大人釐清真相。不要老是怪別人。不要為了拙劣的人際互動而責怪任何人，包括你自己的孩子。

◆**跟孩子腦力激盪並進行角色扮演**。這會讓他在類似情況再度發生時，能學到如何積極處理。讓孩子練習使用不同的語調與聲音、配合適當的肢體語言做事，拋出幾件其它人可能會對他說或對他做的無法預期的事，看看他是否能做出一般能被接受的行為。跟孩子討論他解決問題方法的利弊得失。例如我輔導過一名很頑強的十三歲男孩，他很快就瞭解到即使用肢體傷害同學，也無法讓自己不被騷擾，而且只會惹來更多人聯手修理他。此外他也發現，這會讓其他人以更消極但挑釁的態度在背後欺負他。很難得的是，這位年輕人決定用有效的方式來回應那些討厭的同學，就是用最低限度的口吻說：「管他的」。

◆**持續練習**。一次的努力並無法養成習慣。我建議我輔導過的所有孩子要一直保持主動積極的態度。你必須不斷告訴孩子人際關係的高低起伏在所難免，並反覆練習角色扮演的遊戲，孩子會很願意配合的。這可以讓注意力不集的孩子有個特定鎖定的目標，幫他在面對一直批評或操弄他的同學時，不再覺得自己是受害者。

❽透過網絡與其他家長保持聯繫

如果你經常詢問並記得孩子人際關係的進展，就會很容易得知他的狀況。其它孩子的爸媽或可提供有價值及建設性的意見，但他們會怕冒犯了你，所以不會主動告訴你。遺憾的是，我見過許多防衛動過強的父母在其他父母善意告知自己想法時，卻常感到威脅並反應過度。

我常見到這類發生在父母之間的緊張關係，以至於最後後彼此形同陌路（實在不是解決衝突的好模範）。只要你不要防衛心那麼強，以多一點欣喜與尊重的態度對待孩子，就會有更多大人願意伸出援手。請你多與別的孩子的父母、體育教練及其他大人討論孩子的進展與問題。

❾讓孩子具有更有彈性的社會關係

當你積極與其他家長交往時，試著找出其他孩子是怎麼看你的孩子。如果孩子曾有一群要好的朋友，但已很久沒跟他們「混在一起」，試著找出原因何在。努力讓孩子能自在地交朋友，不要讓他的穿著或舉止過於極端。讓孩子參與一般孩子喜歡的社交活動，像打保齡球、看電影、下棋、溜冰或其它運動。鼓勵孩子參與上述任何一種活動，可以增強他自信、能力與平靜的感覺。

❿留意其他大人對孩子的影響力

密切注意與孩子有關的老師、輔導老師、課後活動的領導人、保健室老師以及宗教領袖。請你主動但慎重地告訴對方，孩子在社交方面發生了困難。如果可能的話，問問他們是否能幫你的孩子改善人際關係。舉例來說，我認識一位童軍領袖很不智地在其他同學面前，開了一個注意力不集中孩子的玩笑。從此同學們開始嘲笑那個孩子。這個教訓告訴我們，如果大人輕視小孩（不論是有意或無意的），其他孩子會認為他們也可以輕視那個小孩。

⓫教導孩子不必急著有滿意的感受

我們毫無疑問是活在一個「無法等待」的世界。正如我稍早所提過的，以良好的方式讓自己緩和下來是很重要的技巧，特別是在這個快速、需求越高的時刻。注意力不集中的孩子除了會受外在影響，也很容易沒耐性。請你竭盡所能教導他等待獎勵的好處。這會讓他一生受用無窮。向你的孩子解釋，動手並完成一件困難的事、以及完成這件事的感受的意義。

⓬讓孩子跟同學一起參加活動，會對他比較好

許多孩子每天的例行工作會做得很有條理，因此請你替孩子找出他很感興趣的課程或計畫，並讓他經常參與。找出孩子喜歡的活動，鼓勵他全力以付。請你記得，有注意力不集中傾向的孩子跟一小群人在一起時表現較好。舉例來說，每星期三下午八個學生的美術課，可能比每週二次的二十個人的足球隊或周末不定期舉辦的各種活動，更適合注意力不集中的孩子。

⑬協助孩子找到合適的社交技巧團體

俗話說：「物以類聚」。我見過許多有類似問題的孩子，在適合的團體中學到重要的社交技巧。這些團體會提供孩子實際操作的機會，讓他們練習如何與其他孩子相處。過去幾年來，我發現有愈來愈多社區成立社交技巧團體，可以幫助孩子表現出合宜的舉止。有些小學及中學則會提供社交技巧課程。你可以把這種想法，或提議舉辦課後計畫的構想告訴學校的輔導老師、校長或家長會。

簡言之，社交技巧團體能提供孩子安全的環境，讓他練習表現出新的行為，並以成功的社交技巧得到同學的回饋。如果孩子開始覺得自己已經獨立，大約九、十歲或更大的年紀，討厭或不願聽你的建議時，這類團體對他也會有很大的幫助。

社交技巧團體是透過一再重覆的練習，幫助孩子發展行為及語言的技巧。有位我輔導過的十一歲孩子的媽媽，對她兒子近日參加的一個很棒的社交技巧團體給予高度評價。這個孩子在那裡有一段很棒的經驗！他學習到如何給對方機會以進行意見交流，讓同學來主導談話權而非大人，分享自己個人的挫折經驗，並傾聽別人給他的建議。

許多孩子在參加過這類團體之後，被轉介到我這裡進行個人諮商，並進一步練習他們學到的社交技巧。當他們實際運用這些技巧在其它同學身上時，我也會引導他們度過其中發生的成功與挫折。

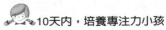

⑭鼓勵孩子養成良好的裝扮與衛生習慣

養成每天良好的衛生習慣很重要。這聽起來似乎很不可思議，但我輔導過許多父母都發現，他們常為了洗澡及刷牙而與孩子發生權力鬥爭。不過堅持下去一定會有收穫，因為良好的衛生習慣對每個孩子來說都很重要。拒絕基本衛生習慣的孩子即使學到社交技巧，也會是很容易被同學排斥。

⑮協助孩子參與聚會

在孩子被困難重重的人際互動給擊垮之前，請準備好為他加油打氣。不論他是要去參加朋友的生日派對或親戚婚禮，先告訴他有誰會出席，以及可能會發生什麼狀況。加強他簡單的基本禮儀。舉例來說，孩子可能需要被告知：他是在參加團體活動。讓壽星決定何時在派對上打開禮物。等輪到自己時再做該做的事。

如果孩子很享受、或很害怕某個場合，不妨跟他討論一下。如果你對他抱著樂觀的態度，那麼他也會很期待參加。這點對注意力不集中的孩子格外重要，因為當孩子過度興奮、或處於新環境而焦慮時，常會表現出不適當的舉止。

⑯適時的給孩子一點暗示

如果你親眼看到孩子與其他人相處時表現不得體，可以給他一點暗示，讓他表現出應有的舉措。一個微妙的手勢，眨眨眼睛，或是點點頭，都是很好的小技巧。我輔導過一位叫瑞秋的母親，她有效地使用打呵欠，讓十歲女兒貝琦知道當她跟別人相處時該放慢腳步，不要太強勢。

⑰獎勵孩子慎重的社交行為

正如我在本書前面提過、而且將在「第八天」再次強調的，鼓勵與獎勵是你可以用來增強孩子適當決定與行為的最佳工具。我發現孩子都很喜歡聽別人稱讚他跟同學在一起的表現。特別是注意力不集中的孩子，因為他們太常因社交障礙而得到別人負面的反應了。你越是強調孩子在社交方面的成功，他就會越願意繼續表現出更能融入社會的行為。

⑱讓孩子與小他一、兩歲的朋友一起玩

注意力不集中孩子由於情緒智商的遲緩，讓他們在與年齡較小的人相處時會比較自在。我發現對許多孩子來說，這是種非常正面的經驗。我輔導過一名十三歲的男孩，他跟一位十一歲的鄰居變成好朋友。這個例子中，這段友誼讓年紀大的男孩扮演領導者的角色。儘管如此，你也要鼓勵孩子跟同年齡的朋友一起玩。

⑲傾聽孩子投入的事，並從中學習

你的孩子或許有能力、也或許沒能力描述為何不喜歡跟某個朋友玩。有個熱心過度的父親不斷逼九歲的兒子踢足球，可是兒子卻百般不願意。父親在問過兒子的意見後很快發現，原來自己經常會逼孩子做他不喜歡做的事。

此外，我也建議你別逼孩子交朋友。如果孩子告訴你說他不喜歡某人，那麼先暫停他的遊玩日（適用於年紀小一點的孩子），以及在外面玩的時間（適用於年紀大一點的孩子），除非當孩子與那個人在一起時你願意花點時間參與其中。如果你親眼看到他們在一起玩的情形，不妨透過重建當時事件的方式來問問孩子的感受。

⑳向校方尋求協助

讓老師及負責遊戲區的老師知道，你想解決孩子人際關係的問題，請他們幫你忙。如果孩子正在接受心理醫師治療，或正在參加社交團體，問問這些專家有什麼資訊及建議，可以讓你提供給校方人士作為參考。就我個人的臨床經驗，我發現當我與學校輔導老師、老師、跟孩子相關的教育專家直接溝通很有幫助。這些專家一天花六個小時在孩子身上，並能提供我許多寶貴的意見。

㉑建議學校提供教導孩子社交技巧課程

如果孩子老師願意的話，請要他指導孩子如何與同學相處。學校輔導老師也可以擔任這個角色。如果孩子無法辨認環境訊息，包括肢體語言、說話聲調、時機與喜好，老師或輔導老師可以慎重地提供明確而詳盡的社交技巧建議。例如老師可以對孩子說：「在你說故事之前，請先徵詢朋友的同意」、「當他在說話時，如果你眼睛看著他，他會很高興」。你可以向老師強調，孩子常被人誤以為是漠不關心或自私，其實他只是不知道如何適當打斷別人說話罷了。

㉒對孩子令人厭惡的習慣與行為給予提醒

孩子的年紀愈小，你會愈容易教他如何讓別人接納他。等孩子到了念中學的年齡，除非你很努力與他們保持和諧的關係，否則他們不會很願意接受你的意見。同樣的，保持冷靜、堅定、不掌控的態度，可以讓你無視於孩子自我保護的姿態。

基於這種冷靜、堅定、不掌控的支持心態，如果孩子挖鼻子或擠青春痘，甚至是很沒禮貌地當眾用手搔私處，你當然要糾正他，但請不要用羞辱他的方式。孩子愈是信任你，可以從你那裡得到與負面反應一樣多的正面反應，就會愈願意接受你細微的建議。請你記住，提醒與嘮叨只是一線之隔。永遠要讓孩子知道，你很感激他願意接受你的建議。

第六天的總結

今天你學到了孩子在人際關係方面所面臨的挑戰，以及該怎麼做來解決這些問題。孩子能夠與朋友和諧相處是非常重要的事。當你持續支持孩子擁有良好的人際關係時，請將以下重點謹記於心：

- 注意力不集中的孩子腦裡充滿各種事物，無法有效地辨識同學、老師及其他人所發出的訊息。
- 父母常希望孩子把精力放在求取好成績，不要惹麻煩，卻忽略了協助孩子建立人際關係、必要的社會化、全方位的成功也同等重要。
- 你愈是瞭解孩子面對的人際問題，他就會愈願意接受你的意見與鼓勵。
- 透過你的支持與指導，孩子能與他人建立長久的友誼；同時透過這點，他會更喜歡自己。

第7天 克服與注意力不集中並存的疾病

打從你使用第一天的計畫來幫助孩子減少注意力不集中以來，就一直非常努力。我為你願意使用這個計畫所出付出的努力與奉獻而感到高興。因為你非常認真執行這些建議與策略，所以你很快就會發現孩子有正面的進步。這是件何等美妙的事情啊，畢竟孩子的問題愈少，就表示你的壓力會愈小呀！

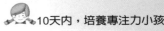

我在本書一再強調，除非孩子的注意力不集中有潛在性的成因，否則這個十天計畫的策略都會很有效。現在或許你還沒看到預期的成果，或是擔心孩子注意力不集中的程度超出你的預期。如果你的孩子正是如此的話，或許他是因其它疾病而造成注意力不集中。

今天你將學到一些與注意力不集中同時並存或是讓注意力不集中惡化的兒童心理疾病。有些疾病，像我在「第一天」提過的ADHD（注意力缺失過動症），某些時候只會造成注意力不集中，有時則會同時出現ADHD與注意力不集中。因此，我在這兩天的內容都會提到。（不過，由於我在「第一天」已詳細討論過ADHD，因此本章將不再重覆）此外，我也會簡短討論其它降低孩子注意力的難纏心理疾病。只要你瞭解身心障礙如何對孩子產生負面影響，就能找出最適合孩子的對策。

基本上這個十天計畫的內容是屬於教育性質。請你記住，任何心理疾病，包括本章所提到的疾病，都必須經由合格的心理專家進行診斷與治療。

認識同時並存的症狀

現在你已經很瞭解注意力不集中對孩子而言是何等困難的挑戰了。不過，伴隨著注意力不集中還會產生其它許多症狀，讓問題益形惡化。這些症狀稱之為同時並存的症狀。請記住，每個孩子都不一樣，因此這些並存症狀之於孩子的打擊與影響也不盡相同。我見過許多注意力不集中的孩子同時擁有超過一種以上的病症。如果孩子被斷定屬於這種情形，請你不要灰心。請你更有耐性一點，透過這個十天計畫提供的冷靜、堅定、不掌控的態度與策略，讓你與孩子更有能力能處理這種狀況。

我希望以下的內容對你有所幫助。然而，我希望你至少能終結一種我稱之為「代理性醫學院學生症候群」（vicarious medical student syndrome）的現象。醫學院的學生（及過度好奇的門外漢）常被發現，一旦他們學到什麼醫學方面的病症，便開始認為自己有相同的毛病。同樣的，有時父母只要一讀到什麼疾病或障礙，便會覺得自己的孩子有這些問題。如果你懷疑孩子有這些症狀，請帶他去看醫生，讓醫生來診斷。

因此，以下內容或可幫你發現及瞭解孩子面臨的障礙，或許是你原來所不知道的。請你記住，這些障礙都只是概念上的分類。同樣的，每個注意力不集中的孩子都有其長處與短處，因此每個症狀的影響也各不相同。我要再次強調，即使你懷疑孩子有上述一個或一個以上的病症，也請你放寬心，因為通常孩子都有辦法解決。下列清單列舉出一些與注意力不集中並存的主要症狀與疾病，包括了：

◆學習障礙。
◆憂鬱症或躁鬱症。
◆焦慮。
◆健康方面的問題，像是過敏、腸胃病、偏頭痛及睡眠障礙。
◆極端的偏差行為及輕微的偏差行為。
◆濫用藥物與酒精。
◆亞斯柏格症。
◆妥瑞症。
◆家中有新生兒、課業壓力、同儕衝突、爸媽離婚或搬家所帶來的壓力。

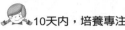

學習障礙會造成不專心及對立性反抗

每一個孩子，即使是沒有注意力不集中的孩子，偶爾也會有課業方面的問題。不過無法應付特定科目或老師的孩子，與被證實是因學習障礙而無法應付特定科目及老師的孩子，還是有很大的區別。本段將提供你一些必須謹記在心、而且有關學習障礙的一般性原則。我在前面曾經提過，課業問題會造成惡性循環，特別是對注意力不集中的孩子，因為他們常忘了做功課而無法彌補。當學習障礙伴隨著注意力不集中出現時，結果往往會更為混亂而令人絕望。更嚴重的是，如果孩子的學習障礙沒有被發現的話，他會因得不到應有的協助，從此自信心一落千丈，最後導致不願付出努力。

前面我曾稍微提過一件事，那就是有些病症可能會導致注意力不集中、與注意力不集中同時並存、惡化注意力不集中的程度，或是兩者皆然。對許多注意力不集中的孩子來說，潛在的學習障礙是這些病症的其中一種。有時我們很難斷定孩子究竟是因學習障礙造成注意力不集中，或者是兩者同時並存。

不過根據研究讓我們知道，**六歲到十七歲的孩子中，百分之五～十有學習障礙**。在美國有超過一半以上接受特殊教育的孩子有學習障礙。因此，我建議許多注意力不集中孩子的父母讓孩子接受測試，以確定是否有學習障礙。不過有個好消息是，如果孩子有學習障礙的話，適當的輔導教育能幫他克服這個問題。

學習障礙，像ＡＤＨＤ，是神經方面的問題。這些障礙會影響孩子的理解能力、使用語言與書寫的能力、計算的能力、動作的協調性或直接的注意力（見「第一天」常見學習障礙的清單）。有學習障礙的孩子需要特殊教育系統的服務。正如我在「第四天」討論的，某些教育措施可透過學校來協助孩子診斷出是否有學習障礙。特殊教育經過特別的設計，可以符合孩子獨特的需求，內容包括了加強閱讀、數學、及其他孩子需要的科目能力。在某些情況之下，還可能包括心理輔導、肢體及職能治療、說話及語言輔導、接送服務及醫療診斷等。

十六歲的朱麗有隱性的ＡＤＨＤ，同時被診斷出有七級的識字障礙。你或許可以回憶一下，隱性ＡＤＨＤ的所有症狀，都是注意力不集中孩子必須克服的主要問題：課業因動心而犯錯，忘了念書或忘了做功課，課堂上無法專心，不能專心聽講，無法遵照指示做完作業。

關於朱麗的識字障礙，她告訴我在六年級時發生的一件大事，讓她驚覺原來自己跟其他同學有多麼不同。當時她正打算把講義的內容抄到作業簿上，卻發現大多數同學可以一個字接著一個字、一個句子接著一個句子地抄，然而她卻得一個字母一個字母、而且非常痛苦而困難地抄。那年教她的是位長期代課老師，他雖然很關心學生，卻因沒經驗而未能發現朱麗有學習上的問題。

由於朱麗長期以來成績都不好，因此就像許多同時被診斷出有雙重問題的孩子一樣，她覺得自己「就是笨」。所幸在她念七年級時，經過某些深入的測試後，發現她除了有注意力不集中，還有識字障礙。

不過朱麗的識字障礙，在教育輔導團隊及主要科目老師的攜手協助下，讓她已經可以應付這個問題了。他們同時使用了結合視覺、觸覺及動覺的教學工具來增加並補強她的學習能力。朱麗上課時坐得離老師很近，讓她能比較專心，並減少識字上的問題。此外朱麗在教育計畫中，還必須接受一位特殊教育訓練人員的指導，教她一些比較難的數學及科學觀念，還會教她如何閱讀，讓她的課業有長足的進步。另外、很幸運的是，由於朱麗的自我負面形象，讓老師們十分強調提升她的自信，而這正是她最需要的。我也親自協助朱麗的老師，鼓勵她改變對自己的負面想法。最後朱麗終於瞭解到，原來自己跟其他人一樣，同時擁有優點與缺點。

近幾年來，愈來愈多老師能夠理解並接納有學習障礙的孩子。但仍有少數人忽略了識字障礙及其它學習問題，並視像朱麗這種孩子之所以成績不好，是因為懶惰、不專心且心不在焉。所幸在朱麗的例子中，透過我、朱麗的父母及學校教育輔導這個堅強團隊的通力合作，幫助她面對自己識字障礙與注意力不集中的問題。

學習障礙會讓許多學生感到惱怒，一點也不讓人意外。因為這會讓他們降低學習動機，而且是他們一輩子都得面對的難題。請你記住，某些孩子可能會出現一些重疊的學習障礙。而有些孩子可能只有一種學習障礙，而且對他們的人生沒有太大影響。但有個好消息是，有許多教育建議與資源可幫你解決這些問題。

憂鬱症會減損孩子的專注力並讓他分心

對注意力不集中的孩子來說，憂鬱症也是個很麻煩的問題。憂鬱症常見的症狀像是憂傷與了無生氣，會嚴重危及孩子集中注意力的能力。

造成孩子得憂鬱症的原因，可能是遺傳或生理方面的問題。雖然臨床只有百分之二的學齡前兒童及百分之三～五的青少年被診斷出有憂鬱症，但它卻是僅次於焦慮症、最常發生在兒童身上的心理疾病。

許多孩子發現自己會因為父母離婚、搬家、社會問題、所愛之人死亡、青少年與男女朋友分手而產生憂鬱症。雖然大人與孩子的憂鬱症狀可能極為類似，但其中仍有些許不同。大人的憂鬱症常會產生持續性的的憂傷，至於兒童則較常表現出憤怒而非憂傷。罹患憂鬱症的大人體重可能會減輕，兒童則是體重比其年齡應有的要來得輕。

注意力不集中的孩子由於不斷在學業與社交上受到挫折，因此造成他們憂鬱的引發點會比其他孩子低。一旦他們有憂鬱症，情緒便會不斷飽受憂傷與灰心之苦。**（記住，孩子憂鬱的症狀常會以憤怒，而非憂傷的形態出現）**若是同時有注意力不集中與憂鬱症，其殺傷力是相當驚人的。

罹患憂鬱症的孩子很容易充斥負面的自我對話（**像是覺得「我很笨」**）。許多憂鬱症的孩子心裡也會充滿怒氣。這種怒氣常是因長久以來無法趕上同學的成績、或是人際關係出了問題而引爆。內化了的憤怒會導致更嚴重的憂鬱症，加上因憂鬱症產生的負面思想，會讓孩子更不容易集中注意力。

十四歲的派瑞在媽媽眼中「從來不願走出房門」。經年累月的壞成績以及被同學排擠，讓派瑞對未來感到絕望（造成憂鬱症的主要原因）。在我們前幾次的輔導過程中，派瑞告訴我說「生命真是糟透了」。派瑞的父母已用盡所有的辦法，對於對派瑞的憂鬱症早已不抱任何希望。

派瑞與我一起進行輔導，同時也服用與我合作的精神科醫師開立的抗憂鬱劑。他與爸媽一起參加學校的研討會，還有支持他的老師鼓勵他邁向成功。透過持續的輔導與友人的支持，他的憂鬱症漸漸可以控制住了，而且在社交與課業的表現也逐漸有了起色。

當你在觀察孩子如何處理注意力不集中問題時，必須要記得憂鬱症有其複雜性，必須考慮漸進、長期的退縮可能會對他產生影響。請你再次記住，注意力不集中的孩子絕不會故意不集中注意力。他們在遭遇課業與社交挫折之際會感到絕望與憂鬱，並不令人意外。憂鬱症也會吞噬孩子的自信，這也是為什麼我們必須重視憂鬱症的另一個原因。

認識孩子罹患憂鬱症的訊號

以下是兒童憂鬱症常見的症狀。如果孩子患有五個以上的症狀、並持續超過兩個星期，你必須尋求合格的健康專家為他做全面性的評估。並不是每個有憂鬱症的孩子都會有下列症狀。即使是很嚴重的症狀，在每個孩子身上的表現也有所不同。只有受過訓練的醫學或心理專家才能進行憂鬱症的診斷。

憂鬱症的孩子可能會：

◆感到憂傷並大哭。

◆沒來由地覺得有罪惡感。

◆自信低落。

◆覺得生命沒有意義，或是覺得未來絕不會有好事發生。

◆突然不願從事過去熱衷的事，像是音樂、運動、跟朋友在一起、出去玩，而且多數時間只喜歡一個人。

◆經常生氣並反應過度。

◆睡眠習慣改變，包括睡得比以前多，或是晚上很難入睡

◆突然有一次大失敗，或是胃口突然變好。

◆多數時間靜不下來，或是感到疲倦。

◆想到死亡，感覺自己正在死去，或是有自殺的念頭。

千萬不要忽視兒童憂鬱症。如果孩子患有憂鬱症卻未被發現的話，很可能會試圖自殘或自殺。

在撰寫本章時，我聽說附近有名學生在學校拿槍自殺了。大家太晚發現他因成績驟然滑落而有非常負面的想法。很顯然的，這樁悲劇的背後有著極其複雜的心理因素，而我實在很不願意用這個例子來警告你。此外，如果你懷疑孩子有憂鬱症，必須帶他去接受診斷與治療。自殺的典型警訊與憂鬱症極為相似，包括：

◆極度的哀傷。
◆容易煩躁、生氣或對人有敵意。
◆無法維持人際關係。
◆改變食慾或睡眠習慣。
◆感到無趣及沒有活力。
◆覺得自己毫無價值。

憂鬱症是可以控制的，而且在孩子治療憂鬱症的同時，注意力不集中的程度也會減輕。有時服用抗憂鬱劑也很有用。我親眼見過當鬱症與注意力不集中均無法控制住時，兩者都會更加惡化。

利用超越正面思考幫助孩子

許多證據均顯示，扭曲的思想是造成憂鬱症的重要原因，不論大人或小孩都是如此。我發現在幫有憂鬱症的注意力不集中孩子時，讓他們知道自己是如何看待自己是種很有效的方法。我利用認知療法的策略，協助憂鬱症的孩子學習以更理性而有用的方式思考。這不只是「正面思考」而已。為了說明這點，我告訴孩子們說，無論我多麼正面思考，還是無法成為國家足球隊的隊員；因為我過去或未來都不可能有那種蠻力，或具備運動家的天分。不過你也不要誤會我的意思，我不是說正面思考沒有價值。不過使用正面思考的字眼並無法改變事實，這也就是說，有些人與生俱來就非常會運動，但像我這種人就只能當心理學家或勵志類書籍的作者。

認知療法不是把重點放在正面思考，而是放在如何讓每個人的思考更實際。簡單來說，認知療法理論的基本假設，就是思考、感受與行為之間有著強而有力的連帶關係。感受與行為基本上完全是受到思考的影響。這代表我們的感受可以透過改變扭曲的思想模式而改變。注意力不集中孩子的扭曲思想模式包括了：

◆**黑白分明的想法：**「我不是成功就是失敗。」

◆**災難化：**「我將來絕對不會有出息。」

◆**過度推論：**「我做每件事都笨手笨腳的。」

◆**個人化：**「注意力不集中是我自己造成的。」

◆**覺得自己「應該」如何：**「我應該有更多朋友。」

你或許可以回憶一下「第六天」曾經討論過，扭曲的思想會強化孩子與其它同學相處的困難。孩子的負面的想法或許會如以下表格所顯示的變得更健康、更有助益。從這個表格中你可以看到，負面思考有許多種不同模式，其中以苛刻、扭曲的思想最為常見

我發現想與憂鬱症與注意力不集中的孩子建立堅實、信任與密切的關係，可以透過認知療法，而且效果十分卓越。在輔導這類孩子時，我的目標是幫助他們：

◆能安然表達自己對注意力不集中的想法與感受。
◆認識思想、感受與行為之間的關係。
◆瞭解扭曲的想法對自己成績與人際關係的影響。
◆學習用其它想法來取代扭曲的想法。
◆採取更多實際的想法，會產生更穩定與正面的情緒。

戴娜是個有憂鬱症與注意力不集中的十一歲女孩。她開始經常哭泣，還把自己一個人關在房間裡，於是爸爸媽媽帶她來我這裡。戴娜對自己有一堆負面想法。在我們打算弄清楚她到底對自己有哪些扭曲想法時，她指出以下幾項：

負面思考模式	負面思想	替代性的有用思想
黑白分明的想法	「我不是很聰明就是很笨。」	「我在學校比某些人更能瞭解很多事，這樣就夠了。」
災難化	「我在學校的表現永遠不會更好。」	「我希望學校功課能簡單一點，不過只要我努力過，就不會感覺那麼糟。」
過度推論	「我總是因爲會說些蠢話，才會沒有朋友。」	「我對朋友做了些錯事。現在我開始在說話前會多想一想了。」
個人化	「我成績不好，都是我自己的錯。」	「我不是故意在某些科目上表現不好。我不需要爲此而感到羞愧。」
覺得自己「應該」如何	「我應該像我的朋友一樣功課更好。」	「我的功課應該更好一點，不過把我自己跟其他同學比較，只會讓我感覺更糟。」

「我恨自己怎麼那麼笨。」

「我永遠不可能擅長做任何事。」

「我的生活糟透了。」

我們一起證實了這些想法都不是真的。當我們把她一生中做過所有成功的事情（包括成績與人際關係）列成清單後，戴娜才瞭解到，僅管過去她有過一些失望與掙扎，但那些負面想法都不是事實。經過幾次輔導後，她瞭解自己其實並不笨，有天分，而且生活比自己想像要好很多後，很明顯地變得生氣蓬勃且快樂。

戴娜與我列了一份更健康的替代性想法，包括了：

「因爲很難集中注意力，不表示我很笨。」

「我在小提琴跟空手道方面表現不錯。」

「我的生活並沒那麼糟。爸媽都在試著幫我。我不是唯一成績不好的人。」

經過我們共同的努力，戴娜對自己不以為然的想法減少了許多，而且更喜歡自己了。我一再發現認知療法（必要時可使用冥想）只要在幾星期內，就可以讓多數憂鬱症的孩子開始覺得比較快樂。幫助既有憂鬱症又有注意力不集中孩子的最好方法，就是讓他們發現自己並不孤單。支持並瞭解是什麼原因讓孩子感到困擾，會對他帶來非常驚人的正面改變。

躁鬱症會讓孩子的生活面臨更多的挑戰

躁鬱症又稱之為「躁狂抑鬱狀態失序」，大人與小孩都可能罹患。根據估計，全世界約有百分之一～二的成人患有躁鬱症。至於兒童的罹患比率尚無可靠數據，不過近年來已有愈來愈多人注意到它對兒童的影響。一般人很難分辨兒童躁鬱症與注意力不集中的行為的差別，因為這兩者的症狀極為類似。除此之外，躁鬱症的症狀在初期可能會被誤認為是孩子正常的情緒與行為反應。

雖然我沒見過許多被正式診斷為躁鬱症的兒童，但我可以告訴你的是，這個年齡的孩子真的很難分辨是患有躁鬱症或其它問題。舉例來說，易怒與侵犯很可能是躁鬱症，也可能是ADHD、行為失序、或極端偏差所造成的。濫用藥物也可能會導致這些症狀。

躁鬱症本身相當複雜，十分難理解，也會讓孩子注意力不集中的現象益形惡化，因為它會對孩子的課業、人際關係、與家人的相處造成損害。躁鬱症的孩子或許沒有明確的情緒週期，但他們精力旺盛、反覆無常、偏差、誇張、易怒、焦慮與暴躁的情緒周期會持續很久，或快速產生變化。躁鬱症的孩子在很多方面都很像注意力不集中的孩子。不過當注意力不集中的孩子同時患有躁鬱症時，生活將面臨更多的挑戰。他們會因自己有如跑馬燈般的思緒，而產生注意力不集中的問題。這些孩子大多符合ADHD的診斷結果，但卻不是ADHD的患者。他們需要服用穩定情緒的藥物，以減少他們過多的思緒及注意力不集中的程度。

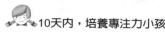

認識什麼是躁鬱症

躁鬱症的孩子會有某些憂鬱症的指標性症狀，他至少會有三至五項下列的躁鬱行為，並持續一個星期：

◆情緒的劇烈變化，不是極端易怒，就是過度糊塗或過度興奮。
◆過度膨脹的自信。
◆極端的注意力不集中，注意力很快從一件事轉移到另一件事。
◆精力過盛。
◆需要的睡眠時間變少，能力日趨減弱，或是一整天不睡也不感覺累。
◆變得比較愛說話，話說得太多且說得太快；突然改變話題，無法被打斷。
◆性慾很強，有關性的思想、感受與行為日增，直率地使用有關性的語言。
◆有目的的活動與肢體暴力日增。
◆忽視危險性，過度沉溺於危險行為或活動。

我輔導過一個十六歲注意力不集中的女孩叫安姬，她有很長一段時間處於精力過盛的狀態。在她很「high」的時候睡的很少，隨便與鄰居的男孩子上床，甚至很喜歡順手牽羊。經過我進一步諮詢後，我發現安姬有情緒起伏週期的病史，而且她注意力不集中的問題因憂鬱與焦躁兩種症狀而益形複雜。後來我把她轉到精神科並證實了我的懷疑，那就是安姬有躁鬱症。安姬被要求服用精神安定劑及其它藥物，來降低她情緒起伏的週期。

焦慮症會惡化注意力不集中

大部分孩子偶爾都會感到焦慮。在某些例子中，適度的焦慮能讓注意力不集中的孩子維持在正常的軌道上。舉例來說，「我這次考試沒考好，我應該更用功」這種想法背後的焦慮，可能會讓孩子真正努力做到課業應有的水準。適度的焦慮對注意力不集中的孩子很有好處，因為這會激勵他們面對自己的責任。

同時，有焦慮症或感受到高度焦慮的孩子，會比其他孩子更常覺得自己焦慮，比別人容易焦慮、感受到更強烈的焦慮。當焦慮造成強烈的憂傷，或至少干擾孩子生活中任何層面時，便被視為是種問題或障礙。

注意力不集中孩子的焦慮症之所以會產生問題，是因為過度焦慮會降低他們的專注力，讓他們心神不定，甚至會導致更嚴重的注意力不集中。兒童焦慮症的某些症狀與注意力不集中極為相似。除此之外，已達問題層次的焦慮會讓孩子無法成眠，同時過度疲勞，尖銳，易怒及緊張。在所有精神問題當中，兒童焦慮症較諸其它病症更為常見。

大約有百分之十的青少年都有過焦慮症，而且多未經過治療。我常看到在注意力不集中的孩子虛張聲勢的外表之下，其實潛伏著嚴重的焦慮。當注意力不集中的孩子產生與焦慮有關的病症時，會影響他的上課出席率，人際關係產生問題，自信心降低，並導致負面的自我形象。有焦慮症的孩子常主觀地感到擔憂、掛心及恐懼。同樣的，大多數孩子偶爾都會有這種感受，重要的是你要能辨別一般程度的焦慮與不健康程度的焦慮有何不同。焦慮症有各種表現形式，以下描述幾種注意力不集中孩子焦慮症的症狀：

◆噁心。
◆胃痛。
◆無法做決定或專心。
◆盜汗。
◆呼吸急促。
◆對別人與遭環境持有扭曲或負面的想法。

有焦慮症的注意力不集中的孩子也會有非常強烈的羞恥及挫折感。診斷正常與異常焦慮，必須根據其造成多大痛苦，及是否影響孩子各方面的功能。焦慮的影響程度必須根據孩子的年齡及發展程度而定。

◆怕黑。
◆怕被同學排擠。
◆怕找不到好工作。
◆怕自己在體育及其它活動表現不佳。
◆怕成績不好而得到爸媽的負面反應。
◆怕自己很笨。

九歲的小璜被帶來我這裡，因為他非常怕鬼。他有聽覺方面的障礙，而且上課時非常不專心。事實上，根據學校教育輔導老師的觀察，他大概只花了百分之五十的專注力在功課上面（通常人應該至少花百分之七十～八十五的專注力）。最近小璜上課不專心的毛病因為怕鬼而更加嚴重，到了晚上都睡不好。青少年的這類恐懼常因看鬼怪的恐怖電影而被引發。

我跟小璜一起正視一樁事實，那就是沒有一個九歲小孩會在半夜從自己房間被鬼捉走。我讓他發現，他只是太怕鬼了。我跟小璜列出一大張清單，寫下鬼讓他感到很害怕的次數，以及他還是活得很好的天數做個對比。這讓小璜可以非常清楚瞭解到自己的恐懼沒有任何理由。此外，我建議小璜在睡覺時開一盞小夜燈，同時把衣櫃打開。雖然我不是捉鬼專家，不過我鼓勵他一個新觀念，那就是鬼很怕光。小璜學會如何說出對夜晚的恐懼，並如何克服它，而不是讓恐懼影響自己的睡眠，甚至是惡化了注意力不集中的毛病。

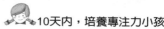

各種不同的焦慮症都會讓孩子受盡折磨。以下是較為常見的焦慮症：

❶廣泛焦慮症：

廣泛焦慮症是兒童最常見的焦慮症。患有這種焦慮症孩子會預期最壞的狀況，而且常抱怨自己很累、很緊張、頭痛與噁心。有這類焦慮症的注意力不集中的孩子常會過度擔心與憂慮，而且這種焦慮多數會延續至六個月或六個月以上。這些孩子的擔憂讓他們更不容易專心，而且會感到煩躁不安，興奮、易怒或尖銳。他們很容易感覺疲倦，無法專心或腦子一片空白；他們的肌肉很緊繃，經常無法入眠，無法保持熟睡狀態，或始終睡不好。

我輔導過八歲的貝西，她有廣泛焦慮症的症狀。爸媽覺得貝西「老是在擔心什麼」。在我輔導貝西與她家人的過程中，我強調即使貝西看起來好像「總是」在擔心什麼，但這並不是真的。我們找出她的優點：她對四歲的弟弟很體貼，非常有信心，而且她是極有天分的體操運動員。幫助貝西建立這些自信，讓她開始覺得自己更有力量，也更能掌握自己。透過輔導貝西及她家人，讓貝西的焦慮減輕不少。經過幾個月的輔導，她的焦慮症消失了，而且注意力不集中的情況也減少了。

❷恐慌症：

恐慌症或相當程度的恐慌，也會發生在注意力不集中的孩子身上，而且會讓注意力不集中的毛病更嚴重。通常恐慌只會持續幾分鐘，有時會持續十分鐘，偶爾會更久。最讓孩子感到沮喪的是，他們感到恐慌時覺得世界一片灰暗，而且好像永遠都會如此。

如果孩子的恐慌症排除是因藥物引起的，那麼他們必須被訓練到瞭解這些症狀（包括呼吸困難、胸悶、發抖等）雖然很可怕，但並沒有危險。這些訓練對有恐慌症的孩子來說很重要，特別是對同時患有注意力不集中的孩子而言更是如此。因為他們一開始在思想、感受與肢體知覺等，就無法產生神經方面的連貫性。

雖然這或許與孩子的本能相反，不過他們可以被教育成不再對恐慌本身那麼恐懼。根據我輔導恐慌症的經驗，我會利用一些視覺練習來引發孩子的想像力（例如飄浮在大大的白色雲朵上）。另外一個方法是訓練孩子「置身事外」，然後根據一到十的級數給自己的焦慮程度評分。孩子愈能量化自己恐慌的程度，就愈能感覺自己有辦法控制它。

孩子罹患恐慌症時最難熬的地方，就是恐慌到簡直是手足無措。伴隨著憂鬱與各種形態的焦慮，恐慌的思緒與感受會變成惡性循環。有些孩子可能會覺得自己快死掉，或是罹患惡疾（通常是跟胃或頭有關的病）。

一般而言，孩子比大人比較沒有洞察力，也比較不會描述症狀。為了支持孩子，你所能做的就是當他感到恐慌時要有耐性，更冷靜，並懂得安慰他。讓孩子知道，當他不由自主感到恐慌時，並不是「懶惰」或「怪里怪氣」，這會讓他更有自信地讓放鬆下來，不會讓自己更加恐慌。

⊙如果孩子有恐慌症該怎麼辦？

恐慌症的症狀包括喘不過氣、心悸、暈眩、口乾舌燥、噁心或鬧肚子、高度肌肉緊繃、還可能會非理性地恐懼死亡。如果你的孩子有恐慌症的症狀，以下建議或許會有幫助：

◆很快安慰孩子說，這種恐慌的感覺很快就會結束。

◆對他保持冷靜、堅定與不掌控的態度。除此之外，請你用支持、安慰／接納的態度說話。你愈是能保持冷靜，孩子也會愈快冷靜下來。與孩子保持眼神的接觸，傾聽他說話，安慰他說不會有事。

◆溫柔地鼓勵孩子慢慢做幾次深呼吸，安慰他，不要評斷他。坐在他旁邊。如果恐慌的情況惡化，以及／或是有嚴重換氣過度的症狀，就必須找醫生診治。

◆傾聽孩子說些不理性的想法，像是「我未來沒救了」、「再也不可能有人會喜歡我」、「我是全班最笨的人」。

◆另外還包括下面類似的想法：「我討厭一切」、「未來十年全校所有同學都會說我壞話」。

◆至於年紀比較小、無法流暢表達想法的孩子，可以用洋娃娃或畫圖來幫他們發掘與焦慮相關的想法（當然是在要恐慌的感覺過了以後）

◆一旦孩子冷靜下來，讓他瞭解不理性的自我對話會導致焦慮。讓他知道那些不理性（也毫無幫助）的想法根本就沒有根據，幫助他發掘更多理性（有助益）的想法。例如，你可以舉出一個有事實根據的理由，告訴孩子他不是全然的失敗者，或是他不是完全不受歡迎。指出這些常規以外的例外會很有用。

◆至於年紀小一點、大約四到六歲的孩子，他們的恐懼感常會導致恐慌症，同樣你可以用洋娃娃、畫圖、或故事讓他們以不同角度看待恐怖的事物。幾個月前，八歲的小華因爲搬家，而在學期一開始就非常恐慌。前幾個星期只要他到學校時，我就請輔導老師坐在他旁邊。這讓小華不至於被新的環境所擊垮，而且他再也沒有恐慌的衝動了。

◆爲了預防恐慌症再度發生，當孩子開始感到恐慌時，要他反問自己：「最壞會發生什麼事？」這會幫助他冷靜下來，而且發現自己的恐慌毫無根據。

❸強迫症：

有些注意力不集中的孩子也會產生不合理及過度的強迫（干擾性的想法及不希望有的想法或慾望），以及／或衝動（跟強迫有關的強烈不自主重覆行爲）。這些強迫或衝動的感覺，會讓他們在學校及跟同學相處時，無法維持自己的注意力。這會造成孩子相當程度的挫折與損害，而且很浪費時間（通常一天會超過一個鐘頭）

最常見的強迫症的對象包括細菌、灰塵、污染物、反覆的質疑、要求事物以特定方式安排、恐懼侵略性或有害的衝動、以及讓人心神不寧的性幻想。最常見的強迫症的症狀包括拼命洗手或用衛生紙擦東西，不斷查看抽屜、鎖及門窗，一直數數，重覆做同樣動作，再三要求別人保證。

十三歲的布列特是我輔導過的一個男孩，他對細菌有非常強烈的強迫症。布列特經常用廚房浴室的計數器來數數。等我回顧他的家庭史並與他父母談過後，我發現他的父母雙方都沒有明顯的焦慮症。然而布列特的上上一輩，也就是祖父與外祖父輩卻有焦慮症的病史。認知療法與放鬆訓練對於減輕布列特強迫症的症狀很有幫助。很有趣的是，十二年之後，我在一家購物中心與布列特的雙親不期而遇，他們告訴我布列特過得相當好，目前從事會計方面的工作。顯然布列特能克服自己的困難，而他對秩序的要求，現在卻成了工作上的助力。

❹創傷後壓力症：

我曾輔導過歷經創傷的注意力不集中的孩子，他們受到的創傷包括性侵害或身體虐待、天然災害或極度暴力。這些創傷會發展成創傷後壓力症，包括夢魘、不斷回憶起當時的情景、感覺麻木、憂鬱、生氣、易怒、以及很容易分心與驚嚇。

十四歲的丹尼剛開始來見我時，是因為課業方面出了問題。我與他的父母及校方人員一起幫他在成績方面有了起色。丹尼跟我都認為，在經過第六次的輔導後，他的情況已大為好轉，可以結束我們的諮商了。但在一個月後，我接到丹尼媽媽的電話，她告訴我丹尼親眼目睹一位溜著滑板的同學被車子撞到，傷勢十分嚴重。在看到這場不幸的意外之後，丹尼很快產生嚴重的恐慌，正如前面我所描述的情況，於是他又回來找我。在輔導課程結束後，丹尼學會如何處理自己的創傷後壓力症後群。此外我也用認知療法與放鬆訓練，幫助他減低恐慌的症狀。

❺恐懼症：

我見過恐懼症對注意力不集中的孩子會造成何等負面的影響。所謂恐懼症是指一種對某件情無能為力或非理性的恐懼，而這種恐懼確實會造成一些危害，或是根本就沒有任何危險性。恐懼會導致逃避某些事物或處境，也可能會造成極端的感受或害怕、擔心、恐慌，嚴重限制一個人的生活。「特定」的恐懼是針對某種特定事物（例如特定購物）或特定處境（例如高度或密閉空間）而感到恐懼

我輔導過一名叫泰勒的七歲男孩，他很怕蜘蛛。基於對蜘蛛的恐懼感，泰勒拒絕跟家人去野外露營，寧可跟奶奶留在家裡。我瀏覽他的家族史，發現泰勒的叔叔（他爸爸的兄弟）曾因各種不同的焦慮症而就醫，而泰勒父親的病歷上也有「極度亢奮」的字樣，只是沒有嚴重到需要接受諮商或使用藥物治療。我使用前面曾提過揭露技巧，慢慢幫泰勒面對自己的恐懼並克服它。他跟我一起看著網路上的蜘蛛圖片，後來甚至敢在辦公室外觸摸一隻在我手臂上爬來爬去的蜘蛛。

❻社交恐懼症：

社交恐懼症是指持續性地恐懼面對一種或多種社交情況，通常那會讓孩子害怕置身於不熟悉的人群中，或被別人品頭論足。我輔導過十一歲的凱麗，她有社交恐懼症的典型症狀。她說當她跟同學說話時覺得很不自在，因為心裡充滿恐懼，擔心別人會不喜歡她。有趣的是，她比大多數我輔導過的孩子都還要受歡迎。

有社交恐懼症的孩子欠缺良好的社交技巧。大部分我見過注意力不集中的孩子都會因社交恐懼症、逃避、參與的焦慮、恐懼社交或恐懼表現場合所造成的挫折，而大幅干擾他們的生活。

常見社交恐懼症的症狀包括了：

- ◆對別人的批評過度敏感。
- ◆無法表現出肯定的態度，以及自信心低落。
- ◆在同學面前不敢大聲朗讀。
- ◆恐懼音樂或體育表演。
- ◆恐懼跟大人說話。
- ◆恐懼開啟談話的話題。
- ◆恐懼在黑板上寫字。
- ◆恐懼參加舞會或生日派對。
- ◆恐懼在課堂上回答問題。
- ◆恐懼向老師求助。

我透過教像凱麗這樣注意力不集中的孩子如何放鬆，以及使用適當的社交技巧，幫助他們解決自己的社交恐懼症。欲知有哪些方法，請翻回「第六天」的內容，我在那裡提供了許多概要性的方法，讓父母可幫助孩子學習社交技巧。

健康問題會造成注意力不集中

正如注意力不集中的孩子不滿意自己有這方面的問題一樣，有些孩子也有健康上的毛病，而這絕對會強化了注意力不集中的程度。健康方面的問題有太多太多了，這裡只列出較具代表性者，包括：

◆氣喘
◆過敏
◆骨科方面的疾病
◆癌症
◆便秘／大便失禁
◆纖維囊腫
◆腸胃病
◆頭痛／偏頭痛
◆頭部受傷／創傷後症後群
◆心臟病
◆大腸激躁症
◆青少年糖尿病
◆智能遲緩
◆過度肥胖
◆睡眠障礙
◆癲癇
◆身體／性虐待

十歲的卡珊卓拉在被診斷出有克隆氏症（Crohn's disease, CD），一種在孩子身上極為罕見的疾病，所以被帶到我這裡。她每個月都得接受輸血，讓她與家人感到壓力很大。卡珊卓拉同時也有ＡＤＨＤ及注意力不集中的問題，她媽媽也被診斷出有同樣的問題。這個充滿壓力的家庭有許多問題亟待解決，但我的重點是幫他們一次只解決一個問題，讓事情變得更有條理而平靜。此外，我也找出卡珊卓拉與家人對不知名藥物的恐懼，好讓他們能繼續往前走下去。

我的另外一個病人，十六歲的史考特，患有高級萊姆症，讓他基本注意力不集中的問題更為嚴重。萊姆症是一種發炎的病症，特徵是皮膚發疹、關節發炎、及類似感冒的症狀，通常是經由鹿身上的壁蝨所感染的。史考特注意力不集中的問題是否是源自於萊姆症並不清楚，不過他的家族中有ADHD的病史。

所幸上述兩個案例的症狀都已趨於穩定。然而我要指出的是，當孩子罹患健康方面的壓力時，注意力不集中的程度便會加劇。當這種狀況發生時，我建議父母加入支持團體，尋找心靈上的支柱，並持續觀察孩子生理方面的症狀。

患有慢性或長期生理疾病的孩子，時常對於控制自己的症狀感到心灰意冷。他們想跟其他孩子一樣，不必一天到晚看醫生、吃藥或在吃東西方面有嚴格限制。

反抗性偏差障礙與注意力不集中

我認識的每個父母都知道孩子難免會表現出偏差行為，特別是當他們感到疲倦、飢餓、壓力或沮喪的時候。只要情況很難熬的時候，孩子會爭論、回嘴、不聽話、甚至是公然反抗父母與師長。《十天內，孩子不再是小霸王》中指出，若是孩子公然不合作、或是或有敵意的行為頻繁且持續時，就會產生問題。在這種情況下，他的偏差行為會比其他同齡或同樣發展程度的孩子要嚴重，而且還會影響到人際關係、家庭生活與學校成績。因為被父母與老師誤解而感到挫折的孩子，可能會用更多的負面行為，來發洩自己的挫折感以及／或是以此作為向外求助的手段。

有許多被誤解的注意力不集中的孩子，最後會做出非常嚴重的偏差行為。我要再一次強調，你必須使用冷靜、堅定、不掌控的態度，來幫助孩子度過這些情緒反應，並避免權力鬥爭。只要孩子愈覺得自己被瞭解，就愈不會表現出偏差行為。

有些孩子的偏差行為會十分頻繁且強烈，這就是大家所知的反抗性偏差障礙（ODD），它的特徵狀是持續性的不合作、叛逆、以及對權威人士懷有敵意，這會嚴重影響他日常生活的機能。ODD的症狀包括：

- ◆經常發脾氣。
- ◆經常生大人的氣。
- ◆經常激烈地公然反抗，或是拒做大人要求或規定他做的事。
- ◆經常故意惹別人生氣。
- ◆經常因自己的錯誤或不當行為而怪罪他人。
- ◆經常十分敏感，或是很容易被激怒。
- ◆經常生氣並充滿怨恨。
- ◆沮喪時說話會很惡毒並充滿恨意。
- ◆會報仇。

這些症狀常在不同情況下出現，不過在家裡或學校比較容易被發現。有百分之五～十五的學童患有ODD。造成ODD的原因不明，不過許多父母都說，患有ODD的孩子在年齡還小時，就會表現出比其他兄弟更嚴格與要求過多的行為。生理與環境因素都可能是造成ODD的原因。

即使是未達診治標準的偏差行為，對父母來說也很難應付。我輔導過一名十四歲叫丹尼斯的注意力不集中的孩子，他有極端偏差的行為，但不是ODD。父母因為對他的成績很失望，因此會對他生氣或吼叫。丹尼斯用咒罵來報復他們，並把重要的東西藏起來，像是車鑰匙等。

我利用冷靜、堅定、不掌控的方法，指導丹尼斯的父母，要他們別再上丹尼斯的當，因為丹尼斯這些行為的目的，就是要讓他們生氣。我取得丹尼斯的信任後，讓他可以直接對父母表達挫折感。他不再那麼叛逆，而且對別人對他在課業上的協助也更專心了。

濫用毒品會增加注意力不集中

長期的課業壓力與可能的失敗，會導致注意力不集中的孩子酗酒或濫用毒品。注意力不集中讓孩子感到非常慌亂，而嗑藥「很high」的感受便很有吸引力。

「第六天」提到長期的人際關係問題，以及與同儕相處時的持續性壓力，都是導致注意力不集中孩子想透過貧乏的毒品來尋求庇護的另一個原因。

深為孩子注意力不集中所苦的父母，同樣也會用酒精或毒品來麻痺自己，以尋求心靈的寄託。但這等於是向他們的孩子做了最壞的示範。

不過有些父母就是無法、或是拒絕瞭解成癮是怎麼回事。我輔導過一位父親，他有個高度注意力不集中與濫用毒品的女兒，他說：「我就是不相信有成癮這種事。人就是應該要改變自己人生。」對此我必須說「說比做要容易」。當然有些人從來不嗑藥，也不在意嗑藥是怎麼回事。但也有些人偶然嗑了藥，卻抱持「我可以選擇要嗑不嗑」的態度。但有太多長期注意力不集中的孩子在失去支持，或欠缺以健康態度安撫自己的能力之後，毒品就可能是危險、甚至是致命的逃避手段。

特別是現在比起過去有太多管道能取得毒品，此外經由網路也可隨時獲知有關毒品的錯誤訊息。這是個非常棘手的問題。現在許多社區都可以看到、並買到毒品，這對多數父母來說，都是很不可思議的事。

十六歲的安東尼對抗因ADHD造成的注意力不集中已經有很多年了。爸媽堅持不讓他接受任何藥物治療。（我在「第九天」會討論注意力不集中的藥物治療）安東尼告訴我他會抽大麻，而且私下也會使用朋友的刺激性藥物。在我們建立起堅實的信任關係後，安東尼答應我，他會在我的陪同之下，告訴爸媽自己吸食毒品。後來安東尼去精神科做持續性的追蹤治療，醫師給他開了些藥，控制他注意力不集中的問題。安東尼的父母對這個複雜的狀況有新的評價，他們十分支持安東尼服用合法藥物，而不是使用非法毒品。從此安東尼不再吸食大麻了。他的成績進步了，而最後一次我聽到他的消息時，他正在就讀社區大學。

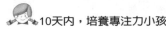

遺憾的是，許多父母在尚未察覺到危險訊號之前，孩子已經嗑藥或酗酒有好一陣子了。通常父母發現孩子嗑藥時，他已經不是偶而才會嗑藥或酗酒了。在某些例子中，孩子可能到了濫用藥物的程度，而且已經有了癮頭。解決孩子這個問題的最好方法，就是讓他脫離此刻的環境，遠離那些也會嗑藥與酗酒的同儕影響，遠離毒品與酒精，能讓孩子有個重新振作的機會，並開始參加戒除毒癮與酒癮的計畫。重點是如果孩子有毒癮或酒癮，或是兩者都有，愈早讓他接受治療愈好。否認注意力不集中的孩子也有藥癮或酒癮，只會讓情況變得更糟。你必須誠實面這點——先誠實面對自己，然後再誠實面對能幫助孩子接受治療的人。這是你能讓孩子變得更好並維持下去的唯一方法。

使用毒品的警訊

有一點很重要的是，你必須注意到一些警訊可能是在暗示孩子吸毒。下面的文字可以讓你很快判斷孩子是否使用毒品。

- 愈來愈容易喜怒不定，像是生氣、傷心、輕微的狂躁。
- 你放在抽屜裡的酒或處方用藥不見了。
- 眼神痴呆、目光極少接觸別人、臉色蒼白。
- 比以前容易生病，早上會咳嗽。
- 金錢／價值觀淪喪，經常「弄丟」隨身聽與手機。

◆失蹤很長一段時間。
◆睡眠習慣改變／常覺得疲倦。
◆逃跑。
◆收到神祕簡訊，或手機使用頻率驚人地增加。
◆發現不明容器、包裝紙或錫箔紙。
◆被告知孩子在學校極度興奮。
◆成績急速下滑、翹課。
◆對家人感到絕望，或將家人排拒在外。
◆來往的朋友不一樣。
◆出現尋找毒品的行為，像是在網路上搜尋毒品。
◆看起來很入神的樣子，很容易分心。
◆失去對健康有益事物的興趣，像是運動、上教堂及與家人接觸。

如果你正在處理孩子的藥癮與酒癮問題，請記住他不是個想要變好的壞孩子。他是因為有病，想要讓自己恢復健康。許多家長都認為濫用毒品只是階段性的問題，或者每個人都有這個階段。但這個問題恐怕要比他們想像的還嚴重。青少年的大腦還在發展階段，在大腦定型的這幾年中，如果有任何損害的話會很嚴重。神經病學家可能會告訴你，大麻會留在前腦皮質影響大腦的發展、記憶解碼甚至是手眼的協調性。愈早適時阻止青少年的毒癮，他的家庭關係與社交功能就會愈順利。

如果你覺得你注意力不集中的孩子正在服用毒品，自然會感到驚慌（或對他大吼）。請你等自己冷靜一點後再跟他談。千萬不要用嚴厲或羞辱的態度對待他。如果孩子確實有吸食毒品的問題，重要的是要讓他瞭解，你永遠會陪在他身邊。透過問他一些簡單問題來幫他度過難關。告訴孩子你相信他，但此刻若是你們之間互不信任的話，也可以坦然說出你對他的失望。

此外還有一點很重要的是，孩子總是有樣學樣。如果你飲酒毫不節制，或是覺得嗑藥沒什麼大不了，那麼等於是在鼓勵孩子陷入同樣的麻煩。

亞斯柏格症會造成注意力不集中

亞斯柏格症是一種普遍發展遲緩障礙，被認為是一種高度自閉症。亞斯柏格症的孩子不像多數普遍發展遲緩的孩子那樣，在語言發展或技能上沒有明顯的遲緩現象。他們有札實有力的口語表達能力，而且這方面的表現比同年齡孩子強得多。雖說這些孩子有豐富的詞彙，但卻缺乏理解他人說話的能力。罹患亞斯柏格症的孩子常需要別人幫忙做自己會做的事，像是如廁、穿衣服等，就像跟他年齡孩子一樣。但他們的社交技巧卻遠遠落後於同年齡的孩子。他們常對某件特殊事物十分著迷，而對其它事物卻毫無興趣。他們可能會瘋狂尋找有關地圖、時鐘或其它東西。他們不輕易改變自己有興趣的事，並嚴守某些特定習慣或儀式。他們可能會有些頑固的癖性，像是不停拍手，嘴巴拼命做動作，或擺出奇怪的姿勢，讓人覺得很笨拙。不幸的是，這些癖好會讓他們被同儕排擠。儘管他們缺乏社交能力，但常被人認為智商很高。

亞斯柏格症的典型症狀包括：

◆包含一種或多種刻板、局限的興趣模式，而這種興趣或其所投入的強度，至少有一者是異常。

◆嚴守並固著於某些特定沒有功能的常規或儀式。

◆有著刻板且重覆動作的癖性（像是不停拍手或扭手指頭，或複雜的全身動作）。

◆持續專注於物體的某個部分。

我輔導過一名十五歲叫李的女孩，她被診斷出有亞斯柏格症。我花了很大力氣才讓她父母瞭解，亞斯柏格症的症狀很廣泛，這表示即使兩個診斷結果相同的孩子，很可能會有截然不同的症狀。簡言之，高度自閉症孩子的父母可能會發現，因為孩子理所當然的挫折感，會讓他們的未來充滿了不確定性。

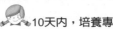

李不像許多有類似症狀的孩子一樣，並不會發出單音的聲調，但是她卻有情緒反應單調的問題（除了幾次在網球場崩潰），而且在社交場合也鮮少與人目光接觸。李的成績普通，戶外活動只限於網球，不過大部分是跟媽媽一起打的。

治療亞斯柏格症的最佳方法，應從教育及人際關係兩方面著手，提供他們得以成功面對人生的支持與技巧。至於在教育方面，若能著眼於穩定的環境會很有幫助。圖像式思考組織工具，或其它類似的視覺學習也很有用。因為有些亞斯柏格症的人有著與生俱來的高智商，需要符合自己程度的學習機會。另外充實的課外活動，也是這類孩子學習課程的一部分。

妥瑞症也會造成注意力不集中

妥瑞症是一種身體會不自主扭動、聲語上會產生tic的聲音，並持續至少十二個月以上的病症。每兩千個小孩中就會有一個罹患妥瑞症，而且通常都是男孩。孩子發出tic這種聲音非常令人洩氣。這種聲音是不自主且突然發生的，而且通會以快速且重覆的形式出現。語聲上的tic包括不由自主地發出狗叫聲、做鬼臉、經常清喉嚨、咳嗽或擤鼻子。他們也可能會產生模仿別人說話（**聲語上的tic特徵是不斷重覆自己聽到的字**），以及／或穢語症（**聲語上的tic特徵是不斷重覆或大聲說出猥褻的字眼**）的現象。不過與一般認知有出入的是，穢語症很少出現。

尼克是我輔導過一位十歲男孩，他被診斷出有ADHD、OCD及妥瑞症。令人驚訝的是，以他這個年齡與他的殘障程度，卻可以流利地表達自己的想法；他告訴我說，他的人生已經支離破碎了。尼克在被同學嘲笑發出tic之後，覺得非常丟臉。由於在同學眼中低人一等的感受，讓他注意力不集中的問題更為嚴重。

我與尼克的老師攜手合作，他告訴班上同學說，罹患妥瑞症的人非常敏感。在輔導尼克與父母幾個月之後，尼克開始比較喜歡自己，在課業及人際關係方面也有進步。現在他偶爾還會來看我，目的只是讓他在面對挑戰時感覺有人支持他。目前妥瑞症仍無法治癒，但症狀可透過輔導、學校特殊教育方案及藥物而得到控制。

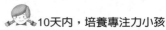

壓力會惡化注意力不集中

壓力會增加孩子注意力不集中的情況。這些壓力包括了：

- ◆新的兄弟姐妹。
- ◆學校的壓力。
- ◆跟老師起衝突。
- ◆跟同學起衝突。
- ◆欺負人。
- ◆搬家。
- ◆父母離婚。
- ◆父母有健康方面的問題。
- ◆經濟狀況吃緊／父母失業。
- ◆所愛的人死亡。
- ◆家庭暴力。

注意力不集中的孩子在面臨生活上的壓力時，常會感到不知所措與迷惘。某些孩子在面對不確定性與壓力時，會為人生增添愉悅與活力。然而對注意力不集中的孩子來說，改變與不確定的壓力會觸怒甚至壓垮他們。他們無法適應任何改變。

十五歲的柯特因為越來越不尊重爸媽而被帶到我這裡來。他做出最讓人無法忍受的事，就是把爸媽的衣服從臥房房間窗戶往滿是泥巴的院子裡丟去。由於他們全家剛搬到另一州，因此柯特很恨他們新蓋的家（草皮還沒長出來，只是個泥巴院子）。他也「很恨」新學校及所有他見過的「爛透的孩子」。柯特有ADHD，對於任何改變都很難適應。過了幾個月，他第一個學期的幾個重要科目都考壞了。我提供柯特與他的家人支持性的諮商。最後他克服了自己的恐懼，對人生中的重大改變做了相對的調整，包括學習讓自己更專心，把焦點放在學校課業與交新朋友上。

第七天的總結

今天你學會了許多關於與注意力不集中並存的病症，是如何加深孩子注意力不集中的問題。在你繼續往下讀之前，請記住以下重點：

- 有些注意力不集中的孩子可能有一種或多種健康方面的問題。
- 許多疾病可能會造成注意力不集中，也會讓現存的注意力不集中益形惡化。
- 你愈是瞭解這些精神方面的疾病，當你懷疑孩子罹患這些疾病時，就愈能幫助孩子們。
- 你的耐性與堅持下去的意願，可以幫助孩子克服任何正在面對的共存疾病。
- 如果孩子有持續性的問題，或是想瞭解更多資訊，應請教合格的健康專家。

第8天

透過獎勵幫助孩子保持積極的學習動機

孩子注意力不集中的問題不只耗盡了他的能力，也耗盡了你的精力。你們雙方都面臨許多艱困的挑戰。幸虧現在你已經在進行這個十天計畫，獲得不少進步的成果，而且孩子的問題也變得更容易解決了。

然而在協助孩子控制問題的過程中，仍必須面對不少的挑戰。在這個過程中，重要的是要能創造出建設性的改變，並維持往正面積極的方向前進。為了達到這個目的，你必須讓你們兩個都保持積極的活力與學習動機來去除新的障礙。今天我會提供你一些很有用的工具，來幫助你們在往前邁進的過程中，持續保持強烈的學習動機。這個工具稱之為**正增強**。

「正增強」指的是如何透過獎勵來強化孩子日後的行為，包括使用強而有力的獎勵，以影響孩子願意改變並堅持下去，而且通常在極短時間內就能達到效果。

雖然正增強對每個孩子都很管用，不過注意力不集中的孩子特別需要被獎勵。他們腦子裡總是充滿各種「噪音」，因此更需要額外正面的獎勵讓他們念書，做完功課，遵守時間表，及維持良好的人際關係。

今天你將看到我點出讚美的好處與鼓勵的重要性。透過學習如何使用正增強，你會得到極有價值的工具來增強孩子的進步，並增加身為父母的努力與成就。

「正增強」對改善孩子注意力不集中有很大的力量

當你在想改善孩子注意力不集中的問題時，注意並發展他的優點與正面的行為，要比陷溺在他的缺點與問題要來得有效。良好的親子關係具有基本重要性，也是讓孩子產生學習動機的重要來源。知道如何激勵孩子的父母，會透過適當的獎勵讓孩子做該做的事（像是給孩子特權或獎賞）。過於挑剔或嚴厲的父母是在冒著風險，因為這可能會讓他們讓孩子有正面學習的動機的努力毀於一旦。關於這點，我在本書的姐妹作《十天內，孩子不再是小霸王》（新手父母出版）有更清楚的解說。

此外，我鼓勵你進一步審視自己讚美與批評的標準。現在請你非常誠實地面對自己，並思考下列幾個重要問題：

◆當孩子表現很好時，我是否經常讓他知道？
◆當孩子努力向上時，我是否經常記得增強他的努力？
◆當孩子準備好並把功課做完時，我是否經常讓他知道我以他為榮？
◆當孩子努力達成目標時，我是否經常讚美他的進步？
◆在孩子面臨挫敗時，我是否經常給他鼓勵與支持？

你對上述問題的答案可以顯示出你是如何、及是否提供了正增強給孩子。但令人難過的是，我看過許多父母無法掌握教養的重要原則：大多數行為都是來自於正面獎勵或負面懲罰。所以如果你把焦點放在讓孩子表現出正面行為，就會只看到他的正面行為。如果你把焦點放在批評他的負面行為，就只會看到他的負面行為。

你必須不斷培養孩子的正面行為

如果你覺得自己無法一直找到很好的機會提供正增強給孩子，我也能理解。當你在使用本書的策略之際，孩子或許已有很大的進步，但他還是會很衝動，而且做事完全沒有條理可言。許多家長都告訴我，當他們要求孩子做某件事時得說好幾次。這些火大的家長說：「她裝作好像沒功課要做的模樣，到了後來就真的忘記原先要做什麼了」、「她為什麼就是不願意把丟在地上的鞋子撿起來？」、「我要她把牛奶拿開，她卻充耳不聞。」

我真的瞭解這種情況有讓人多麼沮喪。不過我還是鼓勵你要注意，沮喪的感覺最後只會讓你只把焦點放在這種地方。一旦你無視於孩子欠缺的能力，或對此心不在焉，便會發現如果你下次再希望她能表現很好，恐怕就很難了。如此只會讓你更沒有耐性，讓你們雙方都有挫折，無法講出心裡的話，或是引導孩子做出更明智的選擇。最後你會常把焦點放在孩子的負面行為，而且「從告訴他變成對他咆哮」。

你可以回憶一下「第三天」我提供了許多避免對孩子反應過度的策略

在你持續使用這個十天計畫後，我建議你用正面的態度來看待孩子與他的行為。鼓勵並獎勵他，培養並維持他的正面行為。

「正增強」是在教導孩子成功而不是賄賂

很多家長都擔心正增強是在操縱或賄賂孩子。但我認為正增強是在教導孩子邁向成功，而不是在操縱或賄賂他。只有在誤用正增強時，才會造成操縱或賄賂孩子的結果。舉例來說，如果你以獎勵作為正面獎賞來制止他不當的行為，像是用獎勵讓孩子不再發脾氣或哀嚎，就是誤用了正增強。無論孩子覺得有多絕望（相信我，我們都絕望過），千萬不要用玩具、糖果或新的特權之類的獎勵來制止他的壞行為。這個目標通常會導致與你預期相反的後果，而且只會讓孩子持續表現出不當的行為。你會在稍後看到更多這類危險案例。

與上述相反的是，正增強只能用來增強孩子的正面行為。如此使用這個技巧會更有建設性。舉例來說，假設孩子心血來潮（但不是有很責任感的）要求你幫他溫習功課，或許是個稱讚他有責任感的好機會，但你也要忍住別批評他過去都不念書。你的目標是確定自己不是透過獎勵來制止他不好的行為，而是要鼓勵他表現出良好行為。

我必須再三強調，使用強而有力的正增強有多有效，因為它可以讓孩子學習更有效的技巧，並得以持續使用下去。這個方法適合用於生活中每個層面，包括最重要的功課、同儕關係以及與家人相對地和諧相處。

令人難過的是，許多孩子都限制了自己，因為他們基於恐懼或被批評，而不願意向父母坦承在課業或人際關係方面出了問題。即使如此，我還是鼓勵你要大力支持、並使用正增強來對待孩子。這會讓他更有安全感，而且讓他對你更坦白。在許多案例中，正增強可能只是讓孩子知道你瞭解他有多努力。重要的是你必須記住，孩子沒學過什麼讓自己輕鬆改進缺點的技巧。他必須花點時間學習新的事物，而且在自己做這些事情時覺得很棒。當孩子在學習某些新技巧並表現不錯時，你要再為他選一個新技巧，然後讓他繼續學下去。

增強法有「正增強」與「負增強」兩種類型

增強法使用得宜能強化孩子表現出你期待的行為。增強法可分為兩種類型，正增強與負增強。正增強的意思是，若是你增加或送給孩子某樣東西來獎勵他的行為，便能加強他繼續做出這種行為。所以買一件孩子很想要的東西或衣服來褒獎他的行為，就是一種正增強；負增強是指透過獎勵來制止令人痛苦或感到壓力的情況或事件。當孩子開始準時做功課時，你要他不必再做那些討厭的家事，或是不必處理狗狗的排洩物，就是負增強的最好例子。或許你看得出來，我並不建議你使用負增強。大多數孩子對於負增強只有懲罰的感覺。負增強除了不會讓孩子表現出你預期的行為，還會讓他對自己動搖的自信感到更困擾、更苛求、更羞恥，以及最重要的——更無法產生學習動機。

處罰只會讓孩子注意力更不集中

許多家長都試圖透過處罰來激勵孩子做功課，或完成生活中其它的事。問題是處罰的本質是責罰，它只會阻撓而不會增強學習動機。我非常贊成有責任且有原則的教養方式，不過孩子不是自己選擇要注意力不集中，因此要他為自己的缺點而付出代價，實在是很不公平。

不幸的是，我發現孩子的父母很愛處罰。但因處罰而造成的嚴重後果卻毫無建設性。請看下列幾個敘述：

「這次我用下個月一整個月都不能用電腦來修理他。這會讓他記住教訓，乖乖做功課。」

「因爲他永遠都不記得要做家事，所以如果她發現自己因此而不能參加足球隊的話，也不必太驚訝。」

「她從來都不聽我講話。我眞是受夠了。現在我也不要聽她講話。」

「夠了！你根本就沒有動機做任何事情。接下來四個星期你被禁足了。」

沒有一個父母是完美的。我們大多試過某些形式的處罰。父母親使用處罰的問題是，孩子在心理上會覺得自己被控制而產生怨恨，甚至會讓他陷溺在負面情緒中，反而讓注意力不集中的情況更嚴重，也只會讓情況變得更糟。

正增強是個比較好的方法，它能支持並增加孩子的學習動機，特別是需要很多情感支持的注意力不集中的孩子。請你繼續讀下去，讓自己更瞭解什麼是正增強，讓正增強幫助對你與孩子都能夠成功。

背景、行為、後果，依序解決問題！

為了能夠適當使用正增強來影響孩子的行為，你必須瞭解讓孩子產生壞行為的條件及行為模式。在前幾章我曾提過，你可能會因為獎勵孩子的錯誤選擇，而不智地引發他做出不當行為。但若是你瞭解是什麼原因造成他過去的難處，以及是什麼潛在因素讓他一直做出不當行為，會讓你更能幫助他學會新的技巧。

背景：背景發生在行為產生之前。有一點很重要是你必須記住的，那就是檢查行為產生之前的背景因素。這是因為有時必須改變情況脈絡，才能改變孩子的行為。讓我們這麼說吧，例如孩子有遲交作業的問題。你真正瞭解他推拖拉的真正原因才能幫助他，因為你不知道在此之前他發生了什麼事。問問你自己：「是什麼造成孩子做出這種事？」及「在什麼樣的狀況與脈絡下，才會讓孩子產生這種行為？」

行為：當你觀察孩子的行為時，必須很真誠地問自己：「你最擔心孩子做出什麼行為？」以前面的例子來說，答案就是拖延的問題。正如你所看到的，重要的是要能明確指出他有哪方面的拖延問題。所以當你在思考孩子行為時，要更明確。

後果：我這裡說的「後果」跟教訓無關。更確切地說，我指的是在正增強範圍內孩子做出與其行為相關的後果。後果是行為的結果。當你試著瞭解孩子行為產生的後果時，不妨問問自己：「我、孩子及其他被這個行為影響的人的反應為何？」

正如你在前面例子所看到的，把孩子的行為分析成一連串的事件是很有啟發性的。這也能讓你弄清楚如何正確使用正增強。

你必須瞭解，我不是要你隨時在口袋裡放筆記本或便條紙，然後根據孩子言行舉止的背景、行為與後果分門別類。更確切地說，我是要你記得你們所面對的挑戰與困難的環境背景。

現在讓我們來看看十四歲的艾爾與媽媽露易絲的故事。為了說明的緣故，我會用這個例子來解釋背景、行為與後果。

背景	行爲	後果
艾爾被要求做功課	艾爾爭執或拒絕做功課	艾爾跑開，功課也沒做

正如你接下來將看到，艾爾跟媽媽露易絲的「雙人舞」導致的結果，反而讓艾爾因為沒做功課而得到獎勵。以下是在我進行諮商那段時間他們母子每晚都會上演的好戲。

露易絲：「艾爾從來都不坐下來做功課。」

傑　夫：「妳這是什麼意思？妳可以舉出實例嗎？」

露易絲：「他放學後有那麼多時間可以把功課做完，可是卻白白浪費時間。等我回家以後，我要他把寫完的功課拿給我看，可是他卻告訴我說，他等一下就會做。如果我再問他，他就會開始跟我吵架。」

傑　夫：「艾爾是怎麼說的？」

露易絲：「他只是愈來愈沮喪，說我愛批評他，他朋友的父母都不像我那麼愛管小孩。他說我很不公平，他很恨我。」

傑　夫：「後來妳怎麼做？」

露易絲：「嗯，我必須承認，他就是有本事測試我的底線。但請你相信我，我眞的試過很多次想冷靜地勸勸他，向他解釋爲什麼他必須繼續做功課。可是就像鐘錶的發條一樣，最後我跟我丈夫都爲了他無動於衷的態度感到很沮喪，而他似乎都視而不見。或許他就是希望看到我們處於這種境況。」

傑　夫：「然後呢？」

露易絲：「嗯，我們開始反駁他，因爲他對我們的問題總是有一套說詞。過了一會兒，我們已經很厭倦這些沒有意義、你來我往的爭吵了。所以我們只是跟他說，那就隨便你吧。我的意思是，算了吧，我們眞的是被這個孩子打敗了。」

在這個案例中，如果艾爾聽他爸媽的話，就會去做功課。但因為艾爾把爸媽惹火了，而且又拒絕讓步，所以可以逃避做功課。艾爾這種逃避行為（而且持續）產生的原因，是因為它非常有效！這聽起來是不是熟悉？如果你覺得是的話，千萬不必難過。現在你知道為什麼這種方法不管用，而且可以開始使用不同的方法。

在艾爾與露易絲的例子中，你可以看到**「行為」**是艾爾不願意做功課，**「背景」**是爭執，而**「後果」**是逃避。審視案例的**後果**則顯示出，增強法可能違反作為父母的角色。

讓我們看看另外一個例子。蓋瑞希望家裡井然有序。他看到八歲兒子崔德的鞋子放在地上，便要求他把鞋子撿起來。但讓蓋瑞很火的是，崔德竟完全無視於他的要求，只是自顧自地看電視。蓋瑞又對他說了一次（這次聲音**比較大**），但崔德還是不理他。蓋瑞生氣了，他再次強烈要求崔德把鞋子撿起來。崔德一開始並不是故意很叛逆，只是有點容易分心跟自我放棄，這下子真的叛逆起來，並開始發脾氣了。兩人之間這種爭執可以持續好幾回，讓雙方都感到挫折又氣憤。最後在蓋瑞發現情況危急，而且不希望引發更激烈的衝突後，決定不再要求崔德，並要他回自己房間。最後筋疲力盡的蓋瑞決定自己拾起地上的鞋子，因為「我不想讓自己捉狂」，而這原本是他希望崔德做的事。

我想你跟你的孩子之間，大概也發生過類似艾爾或崔德的情形。但不幸的是，你的孩子從這種情況中只能學到，如果他一直拒絕做你要他做的事，最後就真的不必做。即使事情不該是如此，但孩子逃避或拒絕做應做的事，最後卻反而得到了回報。如果你發現有些情況會造成這種問題，便可避免不智地增強孩子的不當行為。

「正增強」付諸行動的9個方法

現在你知道自己不該怎麼做了，所以我可以給你一些重點提醒，讓你可以用正增強幫助注意力不集中的孩子。我知道孩子可能不會把東西一扔，用力抱住你，然後說：「媽，我等不及想知道你用什麼獎勵來激勵我了。」如果孩子很機靈地回應你或反抗你，千萬也別喪氣。保持冷靜、堅定與不掌控的態度，避免與孩子陷入權力鬥爭。而且你要試著一直這麼做下去。

讓我們來看看，如果艾爾跟崔德的爸媽在上述情況下使用正增強會發生什麼結果。當艾爾拒絕做功課時，露易絲可以指出當時艾爾已經在做功課了。（每個孩子個很有效的方法）此外，她也可以用冷靜與支持的態度告訴艾爾，要他想想如果做完功課就有更多特權，如此會製造出彼此更良性的互動，避免權力鬥爭，並透過艾爾過去的成功，來刺激他現在的學習動機。如果露易絲想進一步對艾爾提出要求，可以強調做功課對他來說確實很不容易。這種「參與式」的心態，會讓艾爾覺得媽媽跟他是同盟，而不是嘮叨的敵人。

同樣的，當崔德不願意撿起鞋子時，其實蓋瑞可以告訴他應該要為私人物品負責，而且爸爸會給他更多特權，像是延長玩電腦、看電視、或跟朋友一起玩的時間。為了努力維繫住彼此成功而非失敗的互動關係，蓋瑞可以指出崔德過去在其它事情表現出來的責任感，像是刷牙、準時上學等。即使崔德在這個例子中並沒有乖乖聽話把鞋子撿起來，但蓋瑞還是可以用積極、激勵的態度跟崔德談一談，可能會更好。如果這次的事件沒有激化到演變成權力鬥爭，那麼下次崔德可能就會比較樂意把鞋子撿起來了。

❶清楚的告訴孩子你的期望

要幫助孩子改善行為，你必須清楚告知他自己的期望。你希望孩子改變什麼行為必須很明確。請你要記得，注意力不集中的孩子有多麼搞不清楚狀況，有多麼迷惘。所以當你設定了想讓他增強的行為是什麼，可以把一個比較大的行為切割成幾個比較小型且明確的部分，然後一次進行一個部分。

多明尼克是九歲德瑞克的爸爸，他發現讓德瑞克每十五分鐘做一部分功課，要

多明尼克是九歲德瑞克的爸爸，他發現讓德瑞克每十五分鐘做一部分功課，要比讓他坐在椅子上不動半個小時效果更好。多明尼克在桌上放了個定時器，幫助德瑞克在比較短期、可應付的時間間隔裡做功課。多明尼克除了稱讚兒子之外，有一天他給德瑞克一個意外驚喜，那就是送他一張他最喜歡玩具店的禮物卡。在這個案例中，父母把正增強的目標特別設定在最能幫助孩子上面，讓孩子表現出正面的改變。那張禮物卡的正面獎勵，讓一個良好行為能夠繼續保持下去。

請記得要讓孩子努力的方向，是明確可預見的行為，而且你們都覺得這是一種行為上的改變。為了看到這種改變，你必須清楚意識到什麼對孩子來說是「正常」，否則只會讓他誤入失敗的陷阱。

請你誠實檢視哪些方法有用，以及哪些方法沒用。問問自己：「現在孩子是否常做出你所期待的行為？」這其中可能包括了行為出現的頻率，一次維持多久。這裡有些可幫助孩子達成較為明確且可預期的目標範例：

◆根據雙方都同意的時間開始做功課。
◆用冷靜的口吻跟孩子討論功課上的挫折感，而不是大吼大叫。
◆讓孩子主動把老師打的分數與評語拿給你看。
◆寫完回家功課及其它作業。
◆準時上學。
◆經過一次提醒就乖乖聽話。

❷用積極的看法來鼓勵孩子

告訴孩子，只要他完成功課就有更多時間可以玩，比要求他非做完功課不可更有吸引力。當孩子完成目標時，教他如何「提高賭金」，能讓他學到如何得到最棒的獎勵並激勵自己。你的最終目的是要幫助他設定自己的目標，並覺得自己更好。

凱林是我另一位客戶，她十三歲的女兒琳現在更樂意打掃房間了。凱林告訴琳說，如果她把房間整理乾淨，會比較容易找到綁頭髮的蝴蝶結跟唇蜜。如果這些琳最寶貝的東西跟地上一堆衣服混在一起會很容易不見。因此琳開始覺得整理房間有好處，而不只是做家事而已。

❸對孩子的改變不要期待過高

你正在幫助孩子改正他的行為，但請不要有過高的期望。許多野心太大的父母（以及最後會感到喘不過氣的孩子）試圖一下子改變太多行為，最後可能反而會失敗。如果孩子壓力太大或是感到挫折，只會釀成巨大的災難。我建議你一次不要改變他太多行為。

唐娜是十二歲的蜜雪兒的單親媽媽，她歷經慘痛的經驗才學到這個教訓。蜜雪兒有做事沒條理的問題很嚴重，於是唐娜開始幫她克服這個問題。蜜雪兒一開始有很大的進展，她記得每天晚上整理書包。蜜雪兒大概要花十五分鐘整理書包，然後根據過去、現在及未來的時間順序，把作業分門別類整理好。剛開始唐娜毫不吝於讚美蜜雪兒的進步，可是後來她便對蜜雪兒只要花三、五天，就可以自己做完這麼難的事而感到失望，而且還需要別人提醒。在某次諮商過程中，蜜雪兒轉向唐娜說：「我希望我很完美，可是我就是做不到。」蜜雪兒的說法不是沒有根據，而唐娜也很明理地聽了進去。後來唐娜對女兒在做事有條理的目標變得更切合實際，而且也做了修正。

請你先設定好目標，如此孩子才能趁早嘗到成功的滋味。你的目標是努力求進步，而不是要求完美。即使是一點點進步，也是進步。

❹為孩子設定目標的先後順序要清楚

根據實際需要排定目標的先後順序。佛萊德對十歲女兒芮設定的目標，是每天早上要整理床鋪。表面上這是個合理且有意義的目標，但芮卻因此而忽略了另一件更重要的事——刷牙。口腔不衛生對人際關係搖搖欲墜的芮來說，當然是雪上加霜。於是佛萊德與芮重新調整目標。一個月之後，佛萊德答應送給芮一支看起來很炫的新牙刷，而芮也開始確實刷牙，然後他們才又把目標放在整理床鋪。

同樣地，吉兒鼓勵十六歲的兒子艾瑞克能獨立完成作業，並視其為第一要務。在此之前，吉兒老是得逼艾瑞克看課外書。為了讓艾瑞克對功課更有責任感，吉兒允許他有更多時間開家裡那台車。不過為了達成最艱鉅的目標，吉兒必須暫時將她原來設定的第一要務——要求艾瑞克每個月都看課外書這件事先擱在一邊。

❺設定你會和孩子一起完成的目標

當你在設定孩子需要改變的行為目標時，必須考慮自己有多少時間與能力可以監督。舉例來說，如果你選擇或希望孩子改進的行為多半是發生在學校，那麼你就不可能直接監督。此外，儘管你無法不顧工作，直接觀察孩子在班上或學校的行為，還是可以密切注意他進步的情況。你能透過電子信箱跟老師連絡，得知孩子每天或每週你最關心部分的表現。每星期透過電話與老師連絡，也不錯！

金潔是四個孩子的單親媽媽，當傑瑞米——她十三歲有學習障礙與課業問題的兒子——每天放學後被老師留下來寫功課時，她無法陪在他身邊。後來金潔在一次學校會議中提出這個問題，希望傑瑞米能參與個人教育計畫。我提醒金潔，她實際上要扮演的角色是監督兒子開始做功課。因為老師很樂意再教一次他不懂的概念。

❻考慮選擇性的獎勵孩子

在選擇如何獎勵孩子時，不要忽略過去能激勵孩子的那些方法。此外，確定你的獎勵不只是讓孩子「感覺不錯」，而且還要對他有好處。

在我輔導克麗絲汀與她九歲女兒瑞貝卡的期間，她透過重新發現女兒對烘焙的興趣，而讓她持續練小提琴。早些年克麗絲汀常與女兒一起烤餅乾，那時她才剛與瑞貝卡的爸爸離婚。現在只要瑞貝卡願意練習小提琴，她就用這個和緩的方法給予女兒正面獎勵。幾年之後，瑞貝卡不論是在小提琴或烘焙方面的成績都很傲人。

朱迪是我輔導過的一名客戶，她發現如果過胖的十三歲兒子山姆做完功課，適時地給點糖果或冰淇淋作為獎勵，其實對他的健康有害。朱迪睿智地發現山姆很喜歡多一點看電視的時間、講電話的特權、跟朋友在外面過夜、星期六去逛購物中心，這些都是他很喜歡並視為很棒的獎勵。後來朱迪就改用這些方式作為獎勵了。

❼掌握獎勵孩子的時間很重要

時間是你在使用正增強時必須慎重考慮的因素。年紀小的孩子必須在表現出良好行為後就獎勵他。至於大一點的孩子，可以在他表現良好後過一陣子再獎勵。注意力不集中的孩子喜歡在做出良好行為後很快就得到獎勵。獎勵時間拖得愈長，對他來說就愈沒價值。換句話說，遲來的獎勵對激勵孩子做出期待中的行為所能發揮的影響力很小。不過一開始你很自然會把獎勵時間拖得過長，甚至是錯失了值得鼓勵的時機。即使如此，你還是可以稱讚孩子說：「我只是想讓你知道，我注意到你今天準時上學了。你在這方面真的有很大進步。」

十二歲丹尼斯的爸爸安迪一開始答應兒子說，如果他一整個星期都不跟父母吵架，周末就會獎勵他。然而這個獎勵方法卻沒有效。我幫安迪發現這個獎勵距離此刻太遠，因此無法有效地激勵兒子。後來安迪除了維持每周獎勵兒子一次之外，如果丹尼斯表現出願意合作的態度，他會竭心盡力地稱讚丹尼斯。從自己口中說出讚美兒子的話，終於讓安迪意識到，他最後的目標是要減少親子之間的衝突。

正如上述案例所顯示，每日的獎勵，甚至是更頻繁的特權，通常都很有幫助。

如果年紀較小的孩子（十歲或十歲以下）表現出良好行為，你可以為他評分，或是給他「代幣」，讓他可以購買一些實質的獎勵（包括看電視的時間、玩電玩的時間、租一片光碟），對於讓孩子達到理想行為目標也很有幫助。

❽多元化的鼓勵方式能為正增強增添趣味

並不令人意外的是，獎勵注意力不集中的孩子的方式要經常更換，才能讓他們持續接受正增強的激勵。所以請你想些嶄新有創意的獎勵法，不要老是故技重施。獎勵可以有很很多種形式。你可以提供不同時間讓孩子玩電玩，或是讓他自己選擇可以跟朋友去哪裡。重要的是你必須記住，這次你是用這個方法激勵孩子，但下次卻未必有效。

丹是十一歲雪柔的爸爸，他發現一開始獎勵她準時上學很有用，可是過沒多久雪柔就對獎勵沒什麼太大興趣了。後來丹發現解決這個問題的好方法，那就是改變獎勵方式，讓女兒覺得很新鮮。他嘗試改變獎勵內容，像是每天可以額外多看一點電視，晚上可以晚半個鐘頭睡覺。這讓雪柔改進了上課容易遲到的缺點。

喬愛是我的客戶，她獎勵四歲兒子迪耶哥的方法，總是有源源不斷的創意。迪耶哥在幼稚園常騷擾同學。喬愛一個星期畫快樂臉給兒子當獎勵，第二個星期送他購物貼紙，第三個星期讓迪耶哥玩蹦蹦球。這些承諾讓迪耶哥達到了目標，而且很快學到在不打擾同學與老師的情況下與大家打成一片。

很顯然的，如果你想讓獎勵方式多元而有創意，必須把孩子的年齡與他最近的興趣等因素考慮進去。要讓孩子對獎勵持續感到興趣，必須耗費很多的精力與創意，至於屬於你的獎勵，則是讓孩子有更好的改變。

❾和孩子訂定一份共同遵守的合約

在某些情況下，要讓孩子願意「買帳」——買獎勵的帳可能很困難。為了讓孩子有正面改變，告訴他你願意根據（你希望他也跟你一樣）合約行事。

在我的臨床經驗中，我發現親子簽訂合約很有用。許多孩子很喜歡這個方法，那就是父母，或不只是父母也能遵守承諾。布萊恩一開始很懷疑如果他在晚餐前把功課做完的話，爸爸史帝夫也不會「照章行事」。經過一次父子諮商後，他們簽署了一份雙方都覺得很可靠的合約。史帝夫讓布萊恩用自己的話來寫合約，必根據我的建議，如果兒子參與合約的內容愈多，效果就會愈好。

下一頁我將提供你一些合約範例（一份適用於年紀較小的孩子，一份適用於青少年）。你可以根據自己與孩子的需要自行修訂。請注意，當合約只有一到三個目標時會最有效。不過為了範例的說明性，我在合約中增加了幾個目標。

⊙兒童與父母的合約範例

孩子一星期七天至少要做到以下＿＿項。

1.爸媽要幫忙確定孩子沒有從其他兄弟姐妹房間拿走任何東西。

2.孩子在下午四點到五點之間會坐下來寫功課。

3.孩子要準備好準時離開家門，但可以有五分鐘緩衝。他不用讓別人等他。上學日要在八點十五分以前準備好出門。

4.孩子願意遵照爸媽的要求把鞋子撿起來，不需要爸媽一次以上的提醒。

5.孩子要即刻回應爸媽的問題，但可以要求爸媽重覆再說一次問題，最多三次。

6.不必爸媽嘮叨，孩子也可以平靜地做完功課。

如果孩子在一星期七天之內，能夠達到上述＿＿項（數字）目標的其中＿＿項目標的話，每星期可以得到＿＿次獎勵。

＿＿＿＿（孩子簽名）

＿＿＿＿（爸媽簽名）

＿＿＿＿（見證人簽名）

⊙青少年與父母的合約範例

1.爸媽會替青少年把收音機開到他喜歡的電台，好叫他起床。

2.青少年如果八點以後還跟朋友在外面，會打電話回家給爸媽，跟爸媽討論晚上要做什麼，並達成共識。

3.青少年一天只可以與爸媽發生爭執兩次，每次不超過五分鐘。

4.在爸媽要求後，爸媽最多只要再提醒一次，他就要照做。

5.青少年必須以尊重的態度回答爸媽的問題，而且最多只能回嘴三次。

6.青少年會請爸媽幫忙調停，而不是直接對著兄弟姐妹大吼大叫。

7.青少年在暑假會去找份工作。

如果青少年做到上述＿＿項目標中的其中＿＿項，就可以得到＿＿作為獎勵。

＿＿＿＿（孩子簽名）

＿＿＿＿（爸媽簽名）

＿＿＿＿（見證人簽名）

使用「正增強」時必須考慮的6個因素

❶多讚美孩子

我必須一再強調，孩子不分年齡大小，都能從口頭讚美中獲益良多。當你讓孩子為了自己完成的事而感到自豪時，他會更容易產生正面的改變。只要孩子對自己的正面改變感覺愈好，就會愈願意在將來繼續表現出這種改變。研究顯示，如果經常讚美孩子的表現，特別是對注意力不集中的孩子，他們會表現得更好。

愛麗絲在協助兒子托比學習如何仔細閱讀，並遵照課業指示說明時，發現了這個業已被證實的事實。她試著每星期只要托比願意遵守指示就會稱讚他已有很長一段時間了，可是她發現如果每天晚上都稱讚兒子，對兒子的影響似乎更大。每次到了晚上，只要托比不確定功課該怎麼做，愛麗絲便發現，透過支持性的鼓勵及幾次讚美，那晚托比的表現就會比較好。

請你記住，如果你希望注意力不集中的孩子做什麼，就必須常提醒他們。他們也需要時常被提醒可以做什麼以符合你的期待。他們可能會忘記自己的行為目標，但正面的回應可讓他們回憶起努力的方向。我常建議家長時時提醒孩子目標與獎勵是什麼。朱迪是我輔導過的一位母親，她發現把重點寫下來貼在經常看得到的地方很有用。她有張字條的重點只簡單寫著：「找出正面行為」。這裡的重點是，注意力不集中的孩子經常需要被提醒，如此才會讓行為導正計畫更為有效。

正如我在「第四天」提到的，老師在學校也能給孩子一些**正面鼓勵**是很重要的。這會讓孩子覺得老師支持他，而不是把他搞得很悲慘、只會苛求他的敵人。

❷不要輕易放棄

另一個讓孩子行為不易改變或改變無法持續的重要原因，是父母感到挫折且太早放棄。請你一定要有耐性，為孩子製造任何一個可能成功的機會。

無論你與孩子簽署的是功課合約、針對做家事達成的協議，或鼓勵他展開新的晨間例行公式，如果這個方法不管用的話，想辦法解決這個難題。你不妨問問自己，是哪些原因讓這個方法無法奏效？看看自己設定的獎勵目標是否切合實際？當孩子改變比較順利時，請給予他正面的回應。在孩子尚未達到你為他設定的目標前，先不要設定新的目標。

夏琳希望十歲的女兒泰莎能讓房間乾整潔一點。她們共同努力（加上我的協助）列了一張雙方都同意泰莎保持房間整潔的三個注意事項：她必須把扔在地上的衣服撿起來，清空垃圾筒，以及整理床鋪。請你注意這對母女的合約既簡單又明瞭，而且只有三項任務。

我建議夏琳在使用這個計畫時要放慢腳步。為了讓泰莎更專注，夏琳要她選出自己最能做到但未必是最想做的一項。泰莎選擇整理床鋪。然後她們共同討論出一份最能獎勵泰瑞莎的清單，包括那些不用花錢或是只需要花少許錢卻能產生益處的活動，例如一起散步、玩「找找看」遊戲，以及有時一起烤點蛋糕點心。

一個星期內，夏琳鼓勵泰莎做完了合約的三個步驟以維持房間整潔。夏琳問她有多少個夜晚覺得自己該保持房間整潔。剛開始泰莎給了她一個很嘲諷的答案：「除非我死掉」。不過夏琳始終保持冷靜、堅定與不掌控的態度，沒有讓自己陷入權力鬥爭。後來夏琳與女兒達成協議，那就是泰莎每星期至少有四天要整理房間，而且夏琳也會陪著她整理房間，讓女兒更有意願也更適應整理房間。

❸善用有效的讚美

我知道這聽起來好像很理所當然，不過我建議你要記住哪些讚美有用。例如當你讚美孩子時，很重要的是要讓他知道，他到底是做了什麼跟過去截然不同的事，以及為什麼這麼做才是正確的，正如以下範例所顯示的：

「謝謝你在我提醒你之前就開始做功課了。」

「我眞的很感謝你在我只提醒你一次之後，就去溜狗了。」

❹儲存並保留獎勵的成果

下一頁的表格是值得獎勵的正面行為。請你自行影印並放置在任何容易取得的地方。這對你來說是個很好的提醒，讓你能認識並獎勵孩子的正面行為。底下空白畫線的地方，可以自行填上針對你孩子的行為。

這份表格裡值得獎勵的正面行為，分別為小學生、年紀較輕的孩子與青少年。

⊙讚美與獎勵孩子正面行爲之範例

□把該做什麼功課寫下來
□邀請朋友
□不匆促做功課
□輕聲走路
□考試成績不錯
□對兄弟朋友很體貼
□良好的衛生習慣
□承認自己在學校的問題
□跟老師合作

□開始做功課
□做完功課了
□向老師求助
□對兄弟朋友有耐性
□交了新朋友
□記得帶學校要用的文具
□參加學校的活動
□變得有耐性

□較少抱怨功課
□準時開始做功課
□輕聲說話
□不必催也會做家事
□沒在課堂上被叫出去
□即上學沒遲到
□保持冷靜／放鬆
□很友善

⊙對學齡前及小學生的獎勵範例

□玩泥巴或培樂多黏土
□幫助爸爸或媽媽
□爲了吃冰淇淋而出門
□到公園玩

□單獨跟爸媽出去
□在澡盆裡多待了點時間
□跟朋友一起玩
□在沙盒裡玩

□幫忙計畫日間活動
□跟爸媽一起騎單車
□餵寵物吃東西
□用浪鼓、鍋子或鈴發出聲音

- □跟爸媽玩撲克牌
- □在床上跳上跳下
- □比較晚睡
- □看電影
- □去圖書館
- □在外面玩
- □到購物園逛逛
- □騎在爸爸肩上
- □用蠟筆畫圖
- □坐在前面的座位
- □租一支電玩遊戲
- □到外面吃飯

⊙對青少年的獎勵範例

- □在額外的時間講電話
- □找份兼差的工作
- □去夏令營
- □家人出門時允許自己待在家裡
- □有自己的銀行户頭
- □玩電腦的時間
- □看錄影帶
- □裝飾自己房間
- □玩音響
- □找一天開車上學
- □剪了個特別的新髮型
- □邀朋友出去吃飯
- □收到雜誌訂閱單
- □玩電動玩具
- □買一片CD
- □與朋友一起參與活動
- □認爲單獨旅行很安全
- □比平常晚睡覺
- □到迪士尼或其它遊樂園玩
- □周末比較晚睡覺
- □跟朋友一起逛街
- □租一支新片
- □溜滑板
- □爲了買新東西而收到錢

❺不要忘了孩子的努力

我們談了許多關於行為與成就的議題，不過孩子的努力也很重要。讚美與獎勵是很有效的正增強工具，可以增加任何一種具示範性的正面行為。鼓勵是把焦點放在孩子的努力，而讚美則是把焦點放在結果，兩者都可增加孩子恰當的行為。

麗麗安發現十四歲的兒子科爾被鼓勵之後就會有很好的表現。麗麗安自己是被一對嚴厲的雙親所帶大的，所以過去她不相信溫情主義有多大用處。她一開始使用正面支持的鼓勵是：「先讓科爾向我證明他有進步，我就可以不用那麼嚴格。」我讓麗麗安發現她鋼鐵般的意志，對幫助科爾解決在學校注意力不集中的問題並無濟於事。當麗麗安改用更具鼓勵性、培育性的方法後，科爾的反應也更正面了。

❻找出過去的長處來鼓勵孩子

每個人都可以從過往的成功中獲益無窮。讓自己停駐在過去的成功經驗裡，能激勵自己迎接新的挑戰。注意力不集中的孩子很容易忘記自己過去的成功。你可以用冷靜、堅定、不掌控的方法提醒孩子過去表現得多好。例如：「昨天你成功解答出數學習題，我知道這份方程式的考卷你也可以回答得很好。」

讓自己充滿正面能量

目前本書重點都是放在如何幫助孩子的技巧，但讚美與鼓勵你自己也很重要。

現在我想為你已使用這個計畫到目前這個階段而向你道賀。你已經學了很多如何應付注意力不集中孩子的技巧了。

⊙請你花幾分鐘爲了自己替孩子所做的一切而鼓鼓掌。請看以下這份正面行爲的清單，並在自己已做的項目上打勾。

- □跟老師見面。
- □透過閱讀與注意力不集中的相關書籍來教育自己。
- □整理與學校有關的資料。
- □當孩子沮喪時，提供他情感上的支持。
- □出席孩子有參與的課外活動。
- □教導並鼓勵孩子發展良好人際關係。
- □購買筆記簿與上學要用的文具。
- □協助孩子做功課。
- □參加家長會。
- □每天聽孩子說他最關心的事。
- □即使孩子讓我很灰心，但我還是很愛他。

無論你做了上述多少支持性的教養方法，請你對自己所做的一切感到驕傲。記住，你在幫助孩子的路上已跨出了一大步。請記得你所有的努力，並感到愉悅。

第八天的總結

今天你學到讚美與獎勵對增進孩子的正面行為有多大的影響力。請記住，打從你開始用這個方法以來，孩子已有多大的進步。請務必記住以下能增強正面行為的幾個重點：

- 如果以正確的態度讚美孩子，他正面行為增加的情形會十分顯著。
- 你愈是根據孩子的行為而獎勵他，他注意力不集中的程度就會愈少。
- 其它的獎勵方式可以結合讚美來表彰孩子的正面行為。
- 增強自己正面的教養能力與行為，對你與孩子來說都會非常值得。

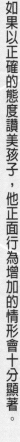

第9天 瞭解相關用藥與另類療法

恭喜你！你已經快要完成這個十天計畫，而且也已經學到很多有用的策略，來降低與控制孩子在各種處境下的注意力不集中，我希望你能因此而感到高興。

到目前為止，如果你很努力應用這些策略的話，我想或許你與孩子已覺得更能掌握問題了。如果是這樣的話，那麼孩子就更能有效掌握人生旅途所面臨的各種挑戰。我有信心，這個十天計畫在你們一路往前時會持續產生助力。

如果你已經使用本書的各種建議，但在孩子身上只看到很少改變或進步，今天我們所要討論有關對治注意力不集中孩子的藥物及其它療法，或許會有幫助。即使你覺得此刻孩子的問題似乎已更能控制，但我還是建議你讀讀本章。若是將來孩子的問題再度惡化，懂得藥物及其它療法會很有用處。

現在有關對治注意力不集中的當紅但不是藥物的其它療法不斷推陳出新。不過本章所要討論的是一般你所必須考量的重要性。但這裡所提供的資訊並無法取代你與醫生或其它合格健康照護專家的討論結果或意見。

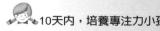

藥物與你注意力不集中的孩子

至目前為止，本書的焦點放在解決孩子在學校、人際關係與家庭上的問題。如果這些方法已大幅減少孩子注意力不集中的程度，那麼你就可以不必使用藥物。同時，大家都知道藥物（特別是興奮劑）對大部分注意力不集中的孩子能產生顯著的效果。根據許多研究顯示，藥物療效可降低難纏的注意力不集中。然而大部分我輔導過的家長仍對藥物治療抱持謹慎恐懼的態度。儘管我發現大多數父母最後還是願意讓孩子進行藥物治療，但他們還是希望知道採取這個步驟是否有其必要。

如果孩子是屬於中度到重度ADHD的病患，那麼藥物治療是醫師會選擇使用的療法之一。在許多案例之中，特別是我親自輔導過中度到重度的注意力不集中的孩子，藥物治療對他們的人生真的會產生很大的變化。我也多次在被診斷出有憂鬱症、焦慮症及其它心理疾病的孩子身上看到同樣的效果，而他們的改變絕不只是接受心理諮商的結果。

讓我們說得更清楚一點，藥物並不是仙丹，它不可能完全讓注意力不集中或其它心理方面的問題消失不見。通常治療ADHD的最好療法，目前業已被廣泛證實的包括本書所提的教育與行為策略、心理諮商、及經醫師認定、開立處方並進行監督的藥物。還有一點很重要必須記住的是，近來許多研究顯示，搭配有效的教育與行為療法並混合使用藥物，比單獨使用藥物治療更能顯著降低用藥量。

用藥注意事項

醫師、孩子與孩子的家人需要更有耐性一起努力，才能用正確的方法使用正確的藥物。事實上孩子會不斷長大，他們的體重與耐藥性亦會隨之變化，因此醫生開立的處方不能從頭用到尾。因此孩子對藥物的反應，必須經過他自己、家長及老師的整體評估與監督。

你可以參考【附錄】裡大衛．羅賓納博士的ADHD檢測法。（參見第三〇六頁）這個方法對老師測試藥物在一段時間是否很有幫助。這個檢測法適用於任何年齡的孩子。不過根據實際使用經驗，這個方法較適用於小學生。雖然這個檢測法沒有任何理由不能用於大一點的孩子，不過一旦孩子上了中學，有了各式各樣的老師，就很難按時獲知有關孩子的相關訊息。ADHD檢測法在以下網站可以找到電子檔：www.helpforadd.com。

使用者的心聲

在我撰寫本章之際，詢問了幾個我輔導的孩子與家長，請他們描述服用藥物的看法與經驗。以下是他們的看法：

「我媽把藥放在櫃子上，我每天早上都會吃。老師跟我媽說，我吃藥後情況有比較好，可是我不是很確定。」——雷恩，十歲，談到吃藥對他有幫助。

「吃藥讓我在聽人家說話時會比較專心。我沒吃藥的時候覺得昏昏沉沉，而且不知道人家在說什麼。」──葛瑞絲，十四歲，談到藥物幫她改善了人際關係。

「吃藥幫助我學習如何控制自己。現在我在學校不會惹麻煩了，而且我回家功課做得也比較好。」──瑞克，十三歲。

「他沒藥就無法專心，也無法控制自己爆發的情緒。他吃藥以後比較能把心思放在課業上，也可以做完功課，在學校也比較專心了。在他吃藥期間與同學相處比較融洽。這個孩子不吃藥時，跟同學在一起會惹麻煩，而且表現出像個小丑的樣子。」──凱倫，十二歲正在服藥兒子的媽媽。

「自從吃藥以後，覺得一天過得好快。而且讓我可以在上課時把重點記下來。如果我不吃藥的話，就會覺得一整天過得好慢。」──艾倫，十六歲，談到自己服用知名的處方興奮劑的經驗。

「自從珍妮開始服藥後，她在四星期之內成績從老是在低檔徘徊，變成考到八、九十分。此外，我兒子喬許也不再感到那麼緊張，變回記憶中那個快樂的小孩子了。」──麗莎，兩個注意力不集中孩子的媽媽，孩子分別是十一歲與十三歲。

正如上述例子顯示，藥物可幫助注意力不集中的孩子。然而你必須記住的是，藥物對每個孩子的療效不盡相同。儘管藥物可幫助大部分ADHD的孩子，但我也發現某些ADHD孩子的症狀，即使不用藥物也能得到控制。不過後者的情況通常是發生在中度ADHD的孩子身上。

我見過少數孩子在表面上拒絕服用藥物，但其中仍有些人還是會吃藥。在這種案例當中，我當然不主張硬把藥灌進孩子嘴巴裡。如果孩子非常抗拒吃藥，即使是在舒適私密的房間裡也不願意的話，強迫他們吃只會造成更嚴重的問題。孩子會拒絕吃藥的原因，多半是基於過去不愉快的經驗。不過經由父母的監督與管理，應可解決這個問題。

每個家長當然都有要強烈保護孩子的直覺。因此當孩子第一次嘗試服用藥物時，他們會感到很惶恐。在下一段內容中，我會提出某些導致這類恐懼的常見有關藥物的迷思。請你注意，由於ADHD是醫師最常開立處方用藥的有關注意力不集中的病症，因此這裡所討論的重點全都是ADHD。

有關降低注意力不集中的藥物迷思

罹患ADHD孩子使用藥物治療，包括治療孩子注意力不集中的現象，是個極具爭議性的問題。我很能理解父母為了是否該讓孩子進行藥物治療而天人交戰。許多家長似乎並非因藥物本身而煩惱，而是因為諸多對藥物的錯誤概念才讓他們感到不安。為了釐清一些重點，我將揭露有關注意力不集中用藥常見的一些錯誤想法。

迷思❶：藥物並無法真正降低ADHD孩子注意力不集中的程度？

雖然已有許多孩子服用藥物後均受益良多，但我仍看到有不少家長質疑藥物對ADHD的療效。或許這是因為他們看過一些相關文章，指出目前仍不確定興奮劑或其它藥物的效用。研究者認為，藥物之所以會降低注意力不集中，是因為它改變大腦特定區域的活動，因此會讓人更專心，不容易過動，也比較不衝動。我看過不同年齡的孩子在經過藥物治療後，其人生重大領域有如在一夕間便獲得戲劇性的重大改變，包括上課更專心，功課的質與量都有進步。藥物治療還有另一個優點，就是孩子在遊戲場不再那麼容易衝動。孩子在服用藥物後，人際關係也會得到驚人的改善，再也不會被視為喜歡搗蛋或吵鬧了。容易衝動的注意力不集中孩子在吃藥後會減少在家惹麻煩的機會，例如較不會表現出偏差行為。簡單來說，雖然許多家長很難接受這種看法，但藥物治療確實有其效果，而且可以非常有效降低注意力不集中及過動／衝動的問題。

迷思❷：讓孩子吃藥會讓他上癮？

有種常見的誤解，就是使用藥物治療的ADHD的孩子最後一定會濫用藥物。最近有位擔心的家長告訴我：「我很擔心如果讓我兒子吃藥的話，我不只是在告訴他嗑藥沒有關係，而且等於是在教他如何嗑藥。」

其實未經治療的ADHD的孩子，反而比適當服藥的孩子更容易濫用非法藥物。重點是如果孩子ADHD的問題未經治療，而且已嚴重到某個程度，會對他的生活造成更大麻煩。根據研究顯示，事實上有服藥的需要卻沒有服用的ADHD的孩子，反而較易有課業及人際關係的問題，也比較容易濫用非法藥物。

此外，要求醫師開立處方用藥給原來就有毒癮的青少年是非常危險的事。我發現許多青少年嗑藥並賣藥給其他人，他們是在濫用藥物。有嗑藥問題的話孩子需要合格的心理專家進行輔導。如果你擔心孩子有嗑藥傾向，那麼就必須審慎地監控他的處方用藥。

迷思3：治療ADHD的興奮劑與其它藥物有嚴重副作用，並不安全？

有無數的家長總是不斷向我傾訴對藥物副作用的恐懼。他們所說的多半是指興奮劑，包括艾德瑞（Adderall）及專思達（Concerta）。

大多數長期使用興奮劑的研究報告均認為，過去六十年來，使用興奮劑來治療兒童與成人ADHD的結果都很安全。時至今日，興奮劑還是沒有任何明顯的副作用。不過你永遠要記住，任何藥物，包括這些可以在藥局買得到的藥品，對某些人來說可能有潛在的副作用。

研究顯示，大約有百分之二十使用心理醫生開立的興奮劑，可能會產生暫時、溫和、短期的副作用，但這些副作用通常可透過謹慎的用藥劑量，及經由時間的調適而得到緩解。在這群孩子中，有些人可能會產生麻煩的副作用，讓他們無法進行長期藥物治療。這些副作用包括發出tic的聲音、睡眠障礙、胃痛及其它腸胃病、頭痛、食慾減退、疲倦、易怒、緊張、尤其是會目不轉睛。在少數例子中，興奮劑會讓人發出tic的聲音、幻覺與怪異的舉動。請你記住，嚴重的副作用只是少數例外。

我知道當你考慮是否要讓孩子進行藥物治療時，上述有關藥物副作用的描述聽起來很嚇人。但我要再次強調，許多經過嚴格控管的研究均顯示，興奮劑若是經適當使用，是非常安全且副作用極少的藥品。若真的產生副作用時通常都只是短期的，而且只要將劑量減少就會逐漸消失。儘管你已經瞭解這些資訊，但我還是建議你跟孩子的醫師討論你對用藥的疑問與憂慮。

迷思❹：藥物會改變孩子的性格，或是讓他變得很僵硬？

我想起莎拉非常害怕十四歲的兒子賽吉歐「最後走路像個殭屍」。由於這位憂心忡忡的母親終無法降低自己對使用藥物的恐懼感，因此我向她保證，我還沒看過有哪個孩子在服用藥物後，人格會變得極端或討人厭。有些孩子在吃藥後會變得遲鈍與退縮，但這些症狀通常被認為是因服用藥物的劑量過高，或者只是某種並存的症狀，例如尚未被發現的情緒問題。一般研究業已指出，使用興奮劑非但不會讓ADHD孩子變成「殭屍」，反而會增加他們做出正面的社會行為。

迷思❺：興奮劑不是治療注意力不集中的唯一良藥？

儘管興奮劑似乎是用於對治ADHD最常見的藥物，但其它類型的藥物（抗憂鬱劑、抗焦慮劑）同樣也能幫助注意力不集中的孩子。特別是同時患有其它心理症狀的注意力不集中的孩子。簡言之，當醫生決定開什麼藥時，重要的是必須考慮是什麼原因造成注意力不集中。我看過許多注意力不集中的孩子同時也有憂鬱症及焦慮症，但若經適當的藥物治療，他們注意力不集中的問題就會減少。

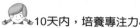

興奮劑會影響孩子的發育嗎？

基於某些顯而易見的理由，許多家長都很擔心使用興奮劑會妨礙孩子發育。我非常注意這個問題，因此將這個問題與前面提到的副作用及健康問題分開討論。

研究興奮劑是否妨礙發育的單位表示，ADHD用藥對發育只有相對溫和的影響。另一份研究則指出服用像利他能（Ritalin）之類興奮劑的孩子，他們發育緩慢的程度大約是一年長高一點二二五公分。這個研究發現似乎有點模糊。然而當研究者將這個數據與全國同年齡兒童發育的平均值做比較後卻發現，服用藥物的兒童，只比不服藥兒童的身高少了零點一五三公分，讓這份研究報告結果顯得並不可靠。

簡單來說，使用藥物是個人的決定，最好能徵詢醫生的意見。但最困難的是，即使藥物治療對發育有極大風險，但這個風險卻可能會與不治療ADHD的風險兩者抵銷掉。有相當多未服用藥物的ADHD孩子會出現許多麻煩的後果，包括失學、人際關係出問題、喪失自信心、濫用藥物、青少年犯罪以及其它更多問題。

治療注意力不集中的常用藥物

❶興奮劑

興奮劑是醫生在治療ADHD的孩子時最常開立的處方藥。雖然大部分ADHD的孩子都因服用興奮劑而獲得改善，但預測每個孩子對興奮劑的個別反應還是很重要。我看過許多孩子在服用一定劑量的某類興奮劑後，卻沒有任何顯著的改變。像這類例子通常在改用其它類型的興奮劑便會產生效果。

根據研究顯示，平均有百分之八十注意力不集中的孩子有ADHD及其它精神疾病，在經過興奮劑治療後有所改善。這表示興奮劑對ADHD的主要症狀，像不專心、過動及衝動等，具有極為顯著的療效。

治療ADHD最常見的興奮劑是專思達，雖然還有像利他能、艾德瑞、Focalin、Metadate、Dexedeine也常被使用。有種新的貼布型藥物含有利他能之類的興奮劑，可用來幫助ADHD的孩子。Daytrana跟興奮劑一樣會有短暫的副作用，不過這種貼布型藥物新產品的彈性，是它最大的優點。

❷抗憂鬱劑

有些三環類抗憂鬱劑也被用來治療ADHD。這種藥已被研究多年，而且非常安全。醫生常開的三環類抗憂鬱劑包括Imipramine、Desipramine、Amitriptyline、Nortriptyline、Clomipramine等。通常如果興奮劑無效，或是產生不舒服、無法忍受的副作用時，醫生便會開抗憂鬱劑。

除了三環類抗憂鬱劑之外，有些新抗憂鬱劑像Lexapro、Prozac、Zoloft、Wellbutrin，也被用來治療與焦慮症或憂鬱症並存的症狀。這些藥物可能對注意力不集中也有幫助，雖然沒有太多證據證明這些藥物可有效治療ADHD。

Strattera是一種腎上腺抗化劑，近來也常被成功地用來治療ADHD。不過就像許多藥物一樣，它的確實效果仍未經證實。

綜合以上，當孩子注意力不集中的情況造成麻煩時，沒有一種仙丹可以解決他的問題。興奮劑似乎看起來蠻有效，不過無論醫生為孩子開的藥是什麼，他還是需要你與其他人教他如何有效處理事情的策略。如此會他孩子控制自己的挫折感，並得以處理來自學校的挑戰，像是時間管理，或把困難功課切割成較易做的小部分。

是否持續用藥？請遵照醫生指示！

父母當然希望在有幫助且必要的情況下，孩子才需要接受藥物治療。正如我稍早提過的，遵照醫生指示是決定孩子是否繼續用藥的關鍵。有些ADHD孩子的症狀在長大後似乎就會消失，因此就沒有繼續服藥的必要。但有許多其他孩子到了青少年時期仍必須與ADHD奮戰。由於興奮劑的改變與時俱進，所以大部分專家都會建議是否要繼續服藥、得經過定期檢查後再做評估。

我發現有愈來愈多父母與孩子在未徵詢醫師意見之前，便自行決定停藥或用藥。這顯然不是個好習慣。所有用藥的決定都必須在醫生的監督下進行。

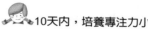

孩子是否該用藥？請跟專家討論！

這裡有些很重要的問題，當你在決定是否該讓孩子進行藥物治療時可以問問自己。所有問題都必須與你合格的健康照護專家討論。

- ◆孩子注意力不集中的問題，從什麼時候開始變得很棘手？
- ◆孩子產生注意力不集中的現象已經有多久？
- ◆孩子與注意力不集中相關的問題是持續不斷，或沒有規律？問題有多嚴重？
- ◆孩子在什麼環境下最容易發生問題？（學校、家裡、社區活動）
- ◆孩子注意力不集中的問題到達什麼程度？（輕度、中度、重度）
- ◆過去老師、醫生及其他跟孩子注意力不集中的問題的相關人士有什麼建議？
- ◆如果孩子進行藥物治療，到底有什麼好處？
- ◆經過監控的藥物治療有多有效？

要不要使用另類療法，請謹慎評估！

另類療法是取代傳統藥物治療（像處方用藥）的方法，目的是治癒或治療疾病的症狀。一般對於改變飲食、藥草、魚油、生物反饋及諮商（許多人認為，對注意力不集中的孩子進行諮商是種另類療法）等另類療法是否能有助於注意力不集中，一直有很大的爭議。很多家長告訴我，要他們考慮使用另類療法，對他們來說壓力很大。事實上，我敢說你可能已經花了很多時間在網路上尋找可以治癒ADHD的自然療法。一般來說，自然療法的產品未經嚴格的研究認可。

此外，我注意到有愈來愈多人開始留意ADHD的另類療法與自然療法。二十年前我剛從學校畢業時，向來不怎麼重視未經科學期刊評鑑的任何療法的有效性。但現在我的想法有些改變。舉例來說，如果有父母與孩子告訴我某種簡單的飲食療法，像是只要不吃香蕉就可以治療注意力不集中，我又能說什麼？對一些輕微的注意力不集中病例而言，某些另類療法或許可以控制住症狀。對多數嚴重的病患來說，他們可能會比較支持傳統藥物療法。但重要的是你必須記住，另類療法只有經過非正式報告與證明的認可，其有效性未經科學實驗證實。下面我所提供的另類療法，請你與醫生討論其安全性，以及你是否該使用它們來降低孩子注意力不集中的問題。當你在使用任何與健康照護有關的產品與療程時，千萬不能在與合格醫生諮商之前就先行使用。

是否補充保健食品？別被誇大療效誤導！

請記住，有許多宣稱保健食品或營養補充品並未經過衛生單位的認證。尤其令人不安的事實是，生產這類產品的公司必須對製造過程的標準負起責任。基本上，他們必須要保證這些食品的生產過程很安全，且其成分會標示於標籤上。所以在購買這些產品時，盡可能選擇歷史悠久且有信譽的商家。因此在此討論有關保健食品的特性、純度、品質、效用及成分等，或許未必符合你或孩子的期待。此外，有很多客戶審慎地向我表明產品的驚人效果。以下是製造商建議其旗下產品可降低注意力不集中的清單。

❶補充Omega-3脂肪酸的評估

近來有愈來愈多人發現Omega-3脂肪酸（又被稱爲「魚油」，因爲它們是在魚裡被發現的）可以降低注意力不集中。事實上，所有補給都聲稱可以控制注意力不集中，而Omega-3脂肪酸顯然是最可能有效的。

含有Omega-3脂肪酸補給品的基本原理是，大腦約有百分之六十都是脂肪，因此它需要一定程度的脂肪酸來適當運作。ADHD孩子可能性乏這種脂肪酸，所以補給品在理論上可以恢復大腦的平衡。根據製造公司的說法，Omega-3脂肪酸可以支持細胞膜的流動性、神經傳送素的功能、以及多種大腦發展。

有些研究業已顯示給孩子吃有Omega-3脂肪酸的補給品，可以控制ADHD的症狀。理論家說他們比較大腦有正常含量的Omega-3脂肪酸的孩子，以及腦中只有少量Omega-3脂肪酸的孩子，發現後者較易暴怒，而且在行為、學習、健康及睡眠等方面的問題也較多。Omega-3脂肪酸的價格不高，而且目前所知並無任何副作用（適量使用的話），所以或許值得一試。不過我還是建議你在給孩子吃任何補給品之前，先跟醫生討論。

❷大量維他命與礦物質的評估

有少數人質疑維他命是否對健康有益。但也有人大膽聲稱讓ADHD的孩子服用大量維他命（像是B_6或B_{12}）、礦物質（像鋅或鎂）、微量元素及其它營養元素，可以緩和症狀。但近來讓許多聲稱維他命有效的人感到失望的是，只有極少數的研究足以證明這個論點。事實上，給孩子吃大量某種特定維他命可能很危險。如果你擔心孩子營養不夠，我建議你跟醫生討論一下。儘管有些孩子與家長見到使用大量維他命與礦物質的效果，但一般而言其效果並沒有那麼驚人。

❸補充中草藥天然或合成產品的評估

從健康食品店到網路，針對ADHD的草藥處方有很多，而且數量在不斷上升之中。時至今日，只有極少數證據可證明草藥對治療ADHD有持續性效果。治療ADHD最常見的草藥，包括混合了銀杏、人蔘的草藥鎮靜劑（像是顛茄及檸檬油）。銀杏可增強健康成人的大腦循環，並驚人加強記憶力及其它認知功能。人蔘已被證實在壓力下可強化生理與心理功能。人蔘萃取物已被證實可增強健康成人的記憶力及注意力。

ADHD的孩子常有睡眠障礙，所以常會不顧危險地使用興奮劑。當然這樣只會讓孩子的注意力、學習及行為問題益形惡化。有篇關於草藥治療睡眠的報告指出銀杏確有其功效。我要再次強調，在你給孩子服用任何直接在市面上購買的天然或合成產品前，都要跟孩子的醫生討論。

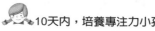

❹食品添加物、食物過敏的疑慮

幾年前小兒科及過敏專家班・分哥德博士（Dr.Ben Feingold）主張，大約有一半ADHD的病例是，由某些特定食品添加物所造成的而聲名大噪。他更進一步聲稱，一旦ADHD孩子遵照他的指示吃東西，百分之五十的病患不必再服用興奮劑而能產生驚人的進步。不過，歌德博士的飲食計畫並未得到科學界的研究認證。

食品添加物與ADHD的症狀之間有什麼關聯，一直缺乏堅實的證據，但這並不表示食品添加物對某些ADHD的孩子不會產生影響。我建議許多家長不要讓孩子吃色素，也盡可能不要食用防腐劑，因為這些東西會讓注意力不集中的情況惡化。例如曾有位家長向我保證說，不讓孩子吃紅色四十號及黃色五號，讓她孩子的注意力更集中了，我建議她把這點告訴孩子的醫生。紅色四十號主要是用於垃色食物，黃色五號這種人工色素則常用於凝膠類點心、糖果及餅乾蛋糕類。而且這類食物比一般食物的糖分含量要高出許多。

與此相反的是，許多父母告訴我說，要他們花那麼多時間與精力維持孩子飲食方面的限制，實在是太困難了，而且他們所付出的代價與孩子減少注意力不集中的程度，簡直是不成比例。我輔導過一位訓練有素的自然療法師母親，她對飲食與營養有極為廣泛的知識，她與十三歲注意力不集中的兒子感情很好。但即使如此，她還是無法阻止兒子自暴自棄地狂吃巧克力，也就是說，那實在不是一種「健康」的飲食方法。

食物過敏也常被認為會引起ADHD的症狀。通常容易引起過敏的食物包括乳製品、小麥、玉米、柑橘類、草莓、蛋、巧克力與花生。如果你懷疑孩子對上述食物過敏，在禁止他吃這些食物前，先與營養師或過敏專家討論，確定孩子仍可獲得足夠的營養以符合成長所需。

❺限制糖分攝取的疑慮

儘管許多研究都在調查糖份與過動症的關係，但並沒有明顯的證據。不過仍有許多父母聲稱孩子在吃過含有許多精緻糖的食物後會有過動傾向。我記得有個少女被禁止吃糖好幾年，有一天她在吃了冰淇淋與糖果後，表現出高度過動的症狀，而且生了一場大病。

減少孩子飲食中的糖分並不會有害。根據美國農業部的說法，孩子攝取的糖分是其所需要的兩倍。但這仍無法證明糖分會影響孩子注意力不集中。

❻限制醣類攝取的疑慮

也有些人相信，攝取過多醣類會造成血糖產生週期性的上下起伏，同時會讓ADHD症狀更為惡化。事實上有證據顯示，ADHD的孩子非常需要攝取醣類，特別是精緻醣類或單醣，像糖份及水果。只有少部分案例在吃了這些食物後反而讓症狀更嚴重。支持這種主張的人建議避免食用單醣，而用蛋白質及高纖食物來取代，像是肉類或蔬菜。不過整體而言，醣類對身材的影響應比注意力要高。

❼尋求順勢療法（Homeopathy）

幾年前，我有位客戶非常頑固地不願讓十二歲的女兒服用興奮劑。他去找一位頗富盛名的順勢療法醫生，讓孩子使用多種不同療法。順勢療法的原理是某些特定潛在毒素經過極度稀釋後，可以引發身體的自癒能力。後來他女兒的注意力不集中稍有進步，但大約只維持了兩個月。

我遇過一些注意力不集中的孩子聲稱順勢療法比吃藥有用，不過因吃藥而獲益的孩子人數，似乎要比他們多出許多。我很尊重我的客戶及在研討會遇見朋友的努力，並帶著好奇心聆聽順勢療法如何在治療ADHD方面產生驚人的進步。不過近來尚無可靠的研究足以顯示順勢療法可有效對治ADHD。

❽接受生物反饋療法（Biofeedback）

有些人主張生物反饋療法，有時也稱之為神經反饋療法，對於控制ADHD症狀，包括注意力不集中很有幫助。生物反饋法的目標是教導個體冷靜下來，增加自己的專注力。生物反饋法的機器有許多種類型，不過它們都可以測量身體對壓力的反應，包括脈搏、呼吸與肌肉緊張程度。這麼多年來，我只知道有少數幾個孩子接受生物反饋法的數次療程後降低了焦慮。我看過一些正面結果，也有些研究認為生物反饋法對於治療與焦慮有關的症狀確實有其效果。

在接受生物反饋法治療時，孩子是被「連接」在儀器上，首先儀器會顯示出某些基本測量質，若是當孩子的脈搏上升時，顯示他是處於失望或興奮狀態，當孩子脈搏開始往下降時，則顯示出他已成功讓自己平靜下來。最後，生物反饋法可以讓孩子學會無須藥物而能讓自己平靜。

儘管生物反饋法或許可降低焦慮，但它未被證實可減少ADHD症狀。生物反饋法必須接受好幾次療程才會有效果，而且效果不會持續到療程之後。簡言之，生物反饋法是否真的能夠對治ADHD，目前尚無足夠研究可證實這點。

9 求助專業諮商輔導

當我輔導孩子時，並不保證他們注意力不集中的問題一定會降低。然而當我在對父母及孩子進行諮商時，會使用本書提到的許多策略，而且也極力主張應該使用這些方法。此外，我也會幫助父母及孩子發展彼此都同意如何控制注意力不集中的目標。

截至目前為止，你知道我非常重視父母應瞭解自己的小孩。當我輔導注意力不集中的孩子與他們的父母時，強調瞭解自己孩子所面對的困難可幫助父母根據有效資訊而做出決定。對父母（及孩子）來說的最大問題，是如何分辨什麼事是孩子做得到的。有太多孩子因為自信心低落，無法滿足父母巨大的期待，而覺得自己不夠好、很笨或很懶。我幫助父母與孩子搭起溝通的橋樑。

此外，我也指導孩子將自己的問題歸咎於注意力不集中。我還鼓勵他們把

ＡＤＨＤ當作藉口。重要的是孩子必須為自己的行為負責。

另外一個輔導注意力不集中孩子的主要目的，就是修補破碎的關係。ＡＤＨＤ會破壞孩子與父母、兄弟姐妹、老師與同儕的關係。為了避免產生這種結果，我會試著教育ＡＤＨＤ孩子的手足，讓他們更瞭解問題，同時在治療期間能更團結。

ＡＤＨＤ也可能會對父母的婚姻關係造成戕害。父母必須有如團隊般地攜手合作，才能有效地處理問題。若是孩子的問題持續影響父母的婚姻關係，或許需要進行婚姻諮商。

⑩運動要做對，不要多

有個常見的錯誤觀念，就是ＡＤＨＤ的孩子只要多做運動就可減輕症狀。我輔導過一位十三歲過動女孩也有注意力不集中的問題，在我們進行輔導的過程中，她不斷在我辦公室裡快步走來走去。我跟她媽媽開玩笑說，如果她被放在一個連著發電機的腳踏車上面，她所發出來的電力肯定可供應一整個社區使用。

一般而言，我真的相信、並認為特定的運動就某個程度來說，提供ＡＤＨＤ的孩子一個發洩精力、建立自信、增進專注力及交朋友的大好機會。此外我也發現運動需要高度的專注力，像空手道，有時可適度增加孩子的專心範圍。只要孩子愈喜歡動來動去，就有愈多活動可以在注意力的範圍、專注力、協調性、靈敏度及社會行為等方面產生正面改變。不過運動對於更換教室、或做出更好社會判斷及限制的效果則尚不明確。

⑪藝術創作有助孩子宣洩情緒

有些人相信全心投入創作性活動，像繪畫、聽音樂或跳舞，可讓ADHD的孩子冷靜下來，而且注意力會更集中。藝術創作會使用到大腦控制情緒的部分。ADHD的孩子常無法控制自己的情緒，所以這類活動可讓他們冷靜。

透過藝術創作產生的正面效果可維持多久，與其剛開始所產生的效果極具有爭議性。如果沒有選擇的話，注意力不集中的孩子確實喜歡用音樂及其它藝術方式來發洩自己。對每個孩子來說，發現一種具有創造性的宣洩管道，讓他們可以在眾人之中顯得突出、或是充分地表達自己，是個能增強自信的好方法。當然，如果孩子想吹伸縮喇叭或打鼓的話，你可能需要一些墊子（以及防噪音的耳機）。

⑫其它另類療法的評估

有許多另類療法聲稱可減緩ADHD症狀，像電磁波療法、聲音療法、視覺訓練、脊椎保健及殺菌法。儘管這些療法各有其支持者，但卻沒有確實研究足以證據它們可長期減少注意力不集中。

我也想建議你不要忽略了一般常識性檢測的重要性，像是確定孩子的睡眠充足，吃得夠好，覺得跟你的關係良好等。這些才是長期能讓孩子感覺並發展良好的重要因素。

考慮另類療法時必須當心的幾個重點

當你想讓孩子使用另類療法時，請格外謹慎。無論你知道一種「當紅新發現」是來自某種極難取得的新植物萃取物，或某些有趣的新產品出現在電視頻道上時，都要小心。如果下列幾項說法出現在產品促銷宣傳時，我建議你千萬不要購買：

◆聲稱效果神奇、每個人都適用的產品，對任何ADHD或其它疾病都有效。
◆你只要在兩分鐘內撥打某支專線電話，就可買到這個改變一生的產品。
◆在使用說明上沒有提供成分或用法。
◆產品見證案例或測試效果來自「就像你我一般的平常人」。（未經知名科學研究的認可）
◆沒有提醒消費者使用該產品可能的副作用。
◆形容該產品完全無害，因為它是「純天然」（大部分藥物都取自天然資源）。
◆只能透過單一管道購買，像是網路購物公司。
◆產品是透過電視購物專家、或看起來很不真實的樂觀演員的大力促銷。

第九天的總結

今天你學到相關藥物與另類療法，是另一種可降低孩子注意力不集中的選擇。

請記住以下幾個重點：

- 藥物，特別是興奮劑，對大部分ＡＤＨＤ的孩子都能產生非常顯著的效果。但即使孩子服用興奮劑後情況大有改善，但課業及／或行為問題仍可能會持續存在，所以必須佐以其它方式來幫助他。
- 只要處方開立得當，大部分孩子在使用興奮劑治療後，都不會產生長期的副作用。但有一點很重要，家長必須與醫生討論有關於用藥的問題與疑慮。
- 孩子對藥物的反應會因時間而不同，正如孩子對藥物的需要也會因時間而改變。經過一段時間後，再重新評估用藥是很重要的。
- 另類療法像改變飲食及自然療法，可減少某些人的注意力不集中。補充魚油似乎是最有效的方法。然而請你要注意，目前大部分補給品與草藥並無確實的科學證據，足以證實能有效治癒ＡＤＨＤ。
- 本書提供的所有策略均可單獨使用，或配合藥物治療一併使用。

第10天 改善注意力不集中，要有長期抗戰的準備！

我已在本書中盡可能提到各種目標，讓你擁有最有效的工具及策略來幫助孩子創造出正面而持久的改變。盼望你能努力應用書中提供的策略，讓孩子注意力不集中的問題得到顯著而不間斷的進步。今天你將完成這整個計畫，不過我建議你最好持續使用這些想法與策略。它們是沒有時間限制的。

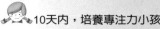

我知道你希望孩子能學會這些處理技巧及增強方法，當他在面對現在與未來的人生挑戰時才可以把自己照顧好。讓孩子接受本書策略的最好方法，就是培養他努力邁向成功的合作態度與熱情。不論你的目標是要幫被擊垮的孩子把大量功課切割成較易完成的小部分，或是在面臨同儕問題時提供建議，使用冷靜、堅定、不掌控的態度，是讓孩子學習這些技巧並堅持下去的主要關鍵。你愈是瞭解、愈願意參與、愈樂於支持孩子，他就會愈樂意接受你的幫助與支持。

今天我將告訴你如何長期控制注意力不集中的最後幾個想法。你一開始使用這個計畫時便承諾要教會孩子控制注意力不集中的問題。透過使用這個計畫，現在你已經知道如何培養孩子在課業、情緒及社交方面成功的各種方法了。我鼓勵把自己當成孩子的教練繼續努力下去。因為就這點來說，你必須記住，持續的進步來自於持續的練習。

讓孩子更主動積極以增強能力

我太常看到注意力不集中的孩子在認清自己的問題後，最後老毛病又再犯了。例如許多原本可以跟上進度的遲緩孩子，因為很容易受到打擊而很快又落於人後。因此，為了孩子更遠大的未來，請你記住保持主動積極的意思，就是要記住孩子有多麼容易落於人後，而且有多麼容易再次遭到困難。請不要以為孩子看似毫不費力的進步是理所當然的。

至於如何保持主動積極的關鍵，包括了：

◆固定時間與孩子討論即將要繳交的課業與計畫。（星期日晚上最佳）

◆不斷鼓勵與支持孩子。

◆當你與孩子討論學校或其它事情時，請記得保持冷靜、堅定、不掌控的態度。你愈是能這樣做，那麼在問題還沒有太嚴重時，孩子就會對自己愈有信心。

◆保持樂觀，並記得什麼方法比較有效。舉例來說，你的孩子可能在休息一個小時之後做功課的效果最好。你可能覺得應該逼他立刻就去做功課，不過這樣對他未必最好。

◆有時最好的監督方法，就是與別人核對一下孩子的情況。跟老師、其他家長、教練或任何跟孩子生活有關的人談一談。瞭解孩子課業與其它活動的現況，確認他都有跟上進度，而且對這些事情的感覺良好。

讓孩子知道挫折不是在為失敗作準備

不管孩子已經進步了多少，以及你希望他將來有多麼積極主動，在他前方的道路不可能是一片坦途。孩子未來在學校、同儕、在家或在社區在面對各種挑戰時，勢必將遭到許多挫折。請記住，挫折不是在為失敗作準備。反之，挫折是進一步學習與自我成長的大好機會。

請你要留意的是，特別是當孩子感到挫折、壓力、或因遭遇困難或挑戰而有負面情緒時，注意力不集中的問題可能又會再度出現。很重要的是你必須記住，當孩子產生挫折時，退步是很自然的。不論你們其中哪個人感到失望時，請想想你們為了這個十天計畫所投注的心力，以及你們已經有了多少進展。

當孩子的問題似乎很難解決時，以下幾個訣竅可讓你幫他不會再退步：

◆記住目前孩子與你已有多大的進展，並與孩子一起討論。孩子可能會表現出一付不感興趣的模樣，但其實他心裡很愛聽到這些好事。

◆當你與孩子討論問題時，請只討論跟問題有關的事。全程請以冷靜、不侵犯、具體且明確的方法討論。避免使用像「你總是」、「你從來都不」、「你應該」這類字眼，否則只會讓他的防衛心更強。保持冷靜、堅定、不掌控的態度，可以讓你與孩子的關係更好，而且也會讓他更瞭解自己。

◆注意自己可能會再度表現出負面的教養方式，像是要求過高，批評嚴苛，期望不切實際，下達嚴厲的最後通牒，表現出威脅的態度，恥於嘗試對孩子有影響的改變。

◆如果你很挫折並「開始發飆」，請誠心誠意向孩子道歉。

◆對孩子的問題行為有同理心（但不是同意孩子做出問題行爲）。

◆「捕捉」孩子的正面行為並讚美他。

◆傾聽並瞭解孩子的挫折感。

◆樂觀面對挫折。

◆愛孩子並且尊重他。

◆如果必要的話，可以跟受過專業訓練的心理專家討論，找出是什麼原因讓你表現出某些麻煩的、產生不良後果的教養行為或決定。

父母不要太在意孩子進步的結果

我經常發現許多充滿善意的父母最後竟決定放棄，只因孩子的進步並不如他們的預期。如果你開始有這種感覺的話，請記住，只要你持續幫助孩子，結果便會順其自然地發展。

你當然希望一直看到孩子能更有效地處理挑戰，並學習如何讓自己的日子更好過。不過，正如戒酒協會巧妙的廣告詞所言：「看見進步，但非完美」。盡可能做你能做的，不要過度定專注於結果。或許孩子無法很快有令人稱羨的進展，不過如果他成績只有五、六十分，可是他真的已經很努力了，也沒有關係。不要把自己與孩子逼得那麼緊，你要以鼓勵取代要求過高，那麼孩子就會盡自己最大的力量做他該做的事。

不要和其他孩子比較

有一點很重要的是，你必須讓孩子發揮他全部的力量，並做到論功行賞，同時不要比較自己的孩子與其它孩子，或是讓他把自己與其它人做比較。注意力不集中的孩子過去常被別人認為低人一等。若是孩子想達到真正的成功，他需要你的支持，而不是基於害怕跟人比較的動機而想成功。

記得迪士尼的卡通裡那隻烏龜與那隻兔子嗎？兔子麥斯跟烏龜托比賽誰跑得快。麥斯看起來就是很有贏面，而且又頗為驕傲。在比賽過程中，他停下來打了個盹，然後又休息了幾次，在女子學校外面跟其它小兔子聊天，還露了幾手自己在其它運動方面的表現。可是當他聽到群眾歡呼，顯示托比已抵達終點時，他趕快急起直追。不過托比彼最後一分鐘的衝刺以及他的長脖子，終於讓他贏得了最後的勝利。（見約翰·瑞夫斯《龜兔賽跑》濃縮版，可在www.imdb.com/title/tt0027126/

plotsummary看到）。當我輔導注意力不集中的孩子時經常想起這部卡通，因為它真正反映了事實。注意力不集中的孩子或許必須工作比較久或比較辛苦才能達到目標，但通常他們都能夠完成，有時甚至還會率先達到目標呢。

為了孩子瞭解自己不是個受害者而感到慶幸吧。或許他得比其他孩子更辛苦，可是這不表示他就得放棄。幫助他瞭解即使他不是第一名，像那隻烏龜，但至少他還是個贏家——因為他還在繼續比賽。

善用身邊的資源

很遺憾的是，許多父母都不曾利用學校或第三者提供的協助。基於諸多原因，我建議你：

◆繼續與孩子的老師與其他校方人員建立良好關係。鼓勵關心孩子的新老師跟過去曾為孩子付出的老師談談。

◆盡量使用本書提供的諸多策略。必要的話，可經醫生建議讓孩子服用藥物。

◆建立良好的記錄檔案。當孩子需要接受教育計畫時，相關的醫學評估、行為諮商、過去的就學記錄等都會很有幫助。

◆如果需要的話，可與學校高層、老師、孩子、醫生及其他心理專家自由且頻繁地交換有關孩子的重要資訊。

寫一份「正面成果」的清單

當你拿起筆在紙上寫字時，奇蹟就會發生。把事情寫下來，有助於幫你具體看到並欣賞自己付出的努力，以及得到了多少成果。基於這點，我建議你回顧一下目前你與孩子共同創造出來的正面成果。你要持續記錄孩子的進步日誌。如果你已經這麼做的話，請繼續保持下去。如果你還沒做的話，請現在就開始。如果清單上的範例顯示孩子注意力不集中的現象減少了，你將會深受鼓舞。我輔導過一位媽媽不斷寫孩子的進步日誌，而且發現很有幫助。我隨意選了三天日誌作為範例如下：

星期一：布萊恩很誠實，他還在做必須交的功課。我用冷靜但不太堅定的口吻催促他之後，他便開始乖乖做功課了。

星期二：（第二個星期）：布萊恩告訴我他覺得很挫折，因為老師對他很沒耐性。不過，布萊恩並沒有因為這件事而不做功課。

星期三布萊恩告訴我他跟同學起衝突，但是他很坦承面對自己在這件事所扮演的角色。

父母要適度原諒自己的錯誤

注意力不集中的孩子就是有辦法把父母或老師最壞的一面給激出來。你很容易就會失去耐性、感到挫折或是生氣，而無法表現出冷靜、堅定、不掌控的態度。如果發生這種情況時，你就放自己一馬，原諒自己吧。這不是叫你不要繼續努力引導並支持孩子更獨立，而是說當你的表現不如預期時，也不必過於責怪自己。原諒的意思就是當孩子表現不好時，你也要去除像貶抑自己、丟臉、羞恥、怨恨或憤怒等情緒。今天又是嶄新的一天，你又可以掌握到一些範疇可以增進並加強自己能做的事。不過在這個過程中，請不要對自己太嚴苛。

父母請隨時為自己充電

為了避免因為孩子注意力不集中及相關需求而耗盡了精力，我鼓勵你該好好照顧自己。列出一份正面成果的清單並原諒自己，正如前面所述，是非常重要的必做事項。另外還有一些能讓你保持充滿正面能量的方法，包括：

- ◆盡量讓身邊都是對你有幫助且樂觀的人。例如你可以在參加過動暨衝動兒童病患研討會時，跟有類似問題的父母聊聊。當他們讚美你時，請欣然接受。
- ◆記得盡情享受與孩子、家人與朋友在一起的時光。
- ◆防衛心不要那麼強，也別激起孩子的防衛心，如此才能避免變成他的敵人。我要次強調，保持冷靜、堅定、不掌控的態度，可以讓你保持樂觀。
- ◆你必須與其他的孩子與配偶保持平衡的相處。（如果你近來處於單身狀態，那麼跟任何一位對你人生來說很特別的人保持緊密的關係。）
- ◆加入心靈成長團體。

◆持續與朋友連絡，並從他們那裡得到支持。
◆對於值得感恩的事保持感念的心態。
◆培養新的嗜好，像種花蒔草、編織或加入附近健身房。
◆聽一場你很有興趣的題目的演講（除了如何幫助你注意力不集中的孩子）。

當孩子持續進步時請為他喝采

請你記住，孩子腦裡常環繞著負面想法，而且會期待失敗。或許你並不知道他注意力不集中的現象會在成長過程中的何時消失。某些孩子在年紀大一點及學會如何調適後，症狀便會逐漸好轉。其他孩子可能是因為遺傳而持續有注意力不集中的傾向。你只要記住，那些有注意力不集中傾向的孩子只要得到父母的愛與支持，同時能與學校人員、心理健康工作者及醫生共同合作，就會有極佳的機會得以成為適應良好的成人。

許多父母都犯了一個錯誤，就是告訴孩子說未來的道路有多麼艱難，還以為這是激勵孩子的方法。其實這麼做只會產生與預期相反的後果，而且反而讓孩子感到不滿足與羞恥。這樣並無法幫助他成功。至於你所能做的是向他解釋你因為他這麼努力而成功而以他為榮，即使他仍然與注意力不集中的問題奮戰不休。

在往前邁進的路上，只要你持續使用這個十天計畫，將可以克服負面的力量。以下幾個重點可以幫助孩子繼續往前邁進：

◆將孩子置於他會成功的處境。無論是在學校、與同學相處、舞蹈課、辯論賽或足球場，為他小小的勝利而慶祝一番以建立氣勢，會讓孩子更有自信。

◆幫助孩子發現並設定目標。一旦達到了，再提醒他人生更多更大的目標。

◆強化他未來人生光明又燦爛的信念。

◆強調只要有恆心並肯努力，一定能克服所有的障礙。

當你努力有成時，請再掌握幾個重點

我知道注意力不集中的孩子很不好教。請你把每一天都當作是你們兩個人新的開始。一天只努力創造一次成功經驗。你的孩子真的很幸運，能擁有像你這樣的家長以無比的愛來關心並幫助他。他已從生命中獲益無數。當你未來繼續往前邁進時，請記住以下幾個重點：

◆**提供時間架構**。請你以冷靜、堅定、不掌控的方法，與孩子共同設定明確的起床、吃飯、玩耍、做功課、做家事、看電視或玩電動玩具及上床時間。重新審視這個時間表是否能完美地被執行。在提供這個時間架構時請保留彈性。如果例行公事有任何更動的話，必須事前向孩子解釋清楚。

◆**提醒孩子把份量很多的功課切割成小部分**。只要他可以把看起來很困難的功課切割成比較容易解決的小部分，就會做得更好。

◆**把重點放在努力而非結果**。當孩子努力想做完功課，而不只是得到好成績時，記得要讚美他作為獎勵。不過你可以為了他得到更好的成績而額外獎勵他。

◆**跟孩子的老師談一談**。請你顯現出尊重老師的態度，並努力與老師成為同盟。老師愈是覺得你願意跟他分享你對孩子的憂慮，並能得到你的感激，就會愈願意多花力氣在孩子身上。

◆**讓事情單純化**。能夠簡單解釋清楚你的期望很重要。請你以清楚、冷靜而明確的口吻，告訴孩子你對他的期待。並問問他對你的期待的反應。

◆**提供孩子足夠的監督**。雖說所幸孩子已有很大的進步，但是他可能還是有容易衝動的傾向。對於孩子生活中發生的事情及環境隨時保持警戒。

結語

用愛及鼓勵，幫助孩子有展翅飛翔的能力

請你記住，你不只是在教養一個注意力不集中的孩子，同時也是在教養一個由諸多令人驚喜的天分所組合成的一個獨特、有活力、獨一無二的孩子。他的創造力、自發性與視野或許跟你不盡相同，但也沒有關係。你的任務正如一句老話，就是提供孩子生長的根與飛翔的翅膀。他的根能讓他有安全感及自信，得以應付生命的諸多挑戰及障礙；至於他的翅膀，你才透過這個十天計畫強化了它，讓孩子有能力得以遨翔到新天地，展開自己的人生。你永無止盡的愛及鼓勵，有如在孩子翅膀底下的空氣，讓他能盡情地展翅遨翔。

我總是非常渴望、並珍惜來自讀者的反應。

我們可以透過www.drgeffonline.com保持連繫。

附錄1

用來評估孩子在校表現的ADHD檢測系統

美國杜克大學博士 大衛．羅賓納

ADHD檢測系統，是一種能幫父母及健康照護專業人士檢測患有ADHD孩子所接受的治療方是法否持續有效的方法。

親愛的家長、健康照護專業人士及教育者：

你能幫助患有ADHD的孩子所做的最重要的事，就是謹慎地檢測他在學校的表現。ADHD檢測系統可以讓你簡單就做到這點。透過這個計畫，你可以謹慎地追蹤孩子、學生或病人在學校的表現，同時當孩子的治療方法需要調整或修改時，也可以藉此得到警訊。以下指示是特別為父母而寫的，但同樣也適用於老師及健康照護專業人士。

雖然這個計畫最初是設計用來檢測藥物治療的有效，但也可以用來檢測孩子所接受的治療是否有效。

這份文件包括了認知說明，解釋如何使用ADHD檢測系統，此外孩子的老師每周要用的評分表格。（表格請見附錄最後）

根據我個人的經驗，這個計畫比較適合小學生使用，因為他們只有一個老師。當然這個計畫對中學生也很有幫助，雖然這個年齡學生的老師沒有足夠的時間可以替學生評定可靠的分數。不過你得根據自己的情況來判斷怎麼做最有效。

我自己使用這份計畫已有多年，我發現它對父母來說，真的是個極為有用而又方便的工具。我誠心希望你開始規律使用這個計畫，並發現它對你很有幫助，正如它幫助了我輔導過的許多家長一樣。

美國杜克大學博士 大衛・羅賓納

ADHD檢測系統提供你一個簡單而系統化的方法來檢測ADHD孩子每周在學校各方面的表現。它會讓你對孩子發生的困難更為警覺，因此可及時改變或增加孩子接受的治療方法。至於如何有效使用這個計畫的說明如下。

為了讓這個檢測系統對孩子產生最大的益處，絕對需要老師的合作與支持。

請你要求老師在每周結束前完成這份評分表，而且最好多給他幾份複印表格。

雖然填完這份表格最多只會多花老師五到十分鐘，但你還是得跟老師討論一下，確定他瞭解這份資訊的重要性。你不該只讓孩子把這份表格拿給老師填，然後再附上一張字條，而且最好是用電話或親自跟老師談過。（注意：你可以把表格從頭到尾包括說明列印出來，並且影印給老師）

老師必須知道他提供的這份資訊，可以幫助醫生決定是否要改變或增加治療方法，而且若是沒有這份資訊，會不容易瞭解孩子ADHD的症狀是否得到控制。

最好能每週填寫一次評估表格

有些老師可能會婉拒每星期填這份表格。如果你孩子的老師正是如此的話，那麼請老師每個月填一份也會很有助益。我認為每週一次的資訊會比較有用，因為這樣可以真正瞭解孩子的現況；但若是老師做不到的話，接受一個月一次的資訊也同樣很有價值。你可能一開始先讓老師每週填一次，然後等孩子情況好轉並穩定後，再改成一週寫一次。

這篇文章最後有兩種不同版本的評分表格，第一份是「**每週檢測報告**」，是請老師為他前一個星期觀察孩子的情況而評分。第二份叫「**每月檢測報告**」，是請老師為他前一個月的觀察進行評分。你可視老師願意多久填一次而給他適合的表格。

在你與老師討論的過程中，請確定你們的約定很清楚，以確保你每周或每月都能拿到一份完整的表格，端視你們決定多久填寫一次。

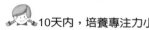

如果這份表格一直放在教室裡，直到好幾個星期後你才收到的話，那麼這份資料對你或孩子毫無助益。如果孩子有好幾個老師，你可以給那些每週花許多時間跟孩子在一起的老師一些影印表格。

表格提供了哪些資訊？

ADHD檢測系統是設計來提供你以下的資訊：

◆ADHD的症狀是否好轉，特別是否得到了控制。
◆孩子在學校的行為、社交及情緒功能。
◆孩子每週的課業表現。

ADHD的症狀最好能控制到什麼程度？

第1～12個問題特別是針對ADHD的症狀。第1～6個問題是詢問老師對孩子過動與衝動症狀的評分結果。至於第7～12個問題則提供了孩子不專心的程度。

對於沒有ADHD的孩子來說，大部份問題的分數可能不是0就是1。至於ADHD的孩子如果症狀——透過藥物或其它一些方法控制得宜的話，你也可以期待大部份的分數是0或1。

注意：並不是所有ADHD的孩子都有不專心及過動／衝動的症狀。例如若是孩子被診斷出是ＡＤＨＤ暨注意力不集中，那麼他所表現出來的症狀主要是不專心（見第7～12個問題），而且不會表現出過動／衝動的特徵。（見第1～6個問題）反之，如果孩子罹患的是ＡＤＨＤ暨過動／衝動，則會表現出相反的症狀。因此，萬一孩子患有以上其中一種亞ＡＤＨＤ的症狀，你應該特別注意那個症後群的症狀，並確認問題是否有所改善。

評估孩子的行為、社交與情緒問題

第13～15個問題基本上是關於行為、社交或情緒的問題。你會看到除了第1～12題的分數會較低之外，也會看到一些較高（多半是3分或4分）的分數。如果孩子在某一題或所有題目得到的分數都很低（多半是0分或1分），你應該跟老師連絡，以獲知他所觀察到的困難等更仔細的資訊。

注意：有一點很重要必須強調的是，這些項目提供的資訊只是有關行為、社交及情緒問題的簡單掃描，並不是全面性的評價。雖然一般來說老師有資格評論孩子是否遵守課堂規矩，但他們可能不瞭解孩子在社交上的問題及感受。因此，如果老師無法提供後兩者的報告，並不表示孩子沒有這方面的問題。此外，也請你學著以更廣泛的方式，從孩子那裡得到相關訊息。

評估孩子在學校的表現

第二頁的評分表格提供一個很重要的訊息，就是孩子在學校的成績表現。這份資訊包括了是否做完規定作業，一般的作業品質，及不同科目的作業水準；這也可以提醒你孩子回家功課或許沒交。顯然最理想的狀態是孩子做完所有的作業，而且成績不是不錯就是非常好，此外也沒漏交任何一次功課。

使用這份資料的建議說明

這份資料包括了每週檢測表格的設計，提供你與孩子的醫生有關孩子的治療效果，以及是否必須增加或改變治療方法的相關資訊。

有一點必須強調的是，每個孩子都有可能某星期表現很差。如果孩子的表現一直很好，但有一個星期的檢測表格顯示他在一個或幾個地方有問題，不必把它當成什麼嚴重的警訊，而且也不需要改變治療方式。一般而言，除非孩子的問題持續好幾個星期，或是惹麻煩的一周出現的頻率變高（**例如不是好幾個月才出現很差的一周，而是每個月都有好幾周出現問題**），那麼我才會建議你更動治療方法。

很重要的一點：如果老師做的是每月評分而非每週評分，那麼一週的壞表現有可能會造成問題。因此，我建議你立刻將這份資料拿給醫生，讓他決定是否需要改變治療方法。

請記住這些說明，以簡單合理的架構來評估每周檢測表格含蓋的資訊，以分辨出ADHD的症狀（從1到12題）與其它訊息。當你這麼做的時候，可能有幾種不同的組合狀況。我們將討論如下。

孩子的情況好轉

這是我們每周都希望看到的結果。在這種情況下，ADHD的症狀在第1～12題的分數是基本分，或都是0分與1分；至於12～15題的分數則顯示孩子有遵照指示、跟同學相處融洽，而且看起來很快樂；孩子做完幾乎所有的作業，而且成績都不錯。如果你的孩子屬是這種情況，那麼他在學校的表現算是十分良好，而且目前他所接受的治療效果也很有用，不需要做任何改變或調整。

孩子的情況變糟

另一個極端就是情況沒有變好。ADHD症狀的分數很高，表現行為、同儕關係都有問題，而且情緒起伏很明顯；作業的質與量都出現麻煩。在大部份案例裡，這表示必須改變與調整治療方式（包括藥物、行爲導正計畫等）。唯一的例外是，如果孩子向來一直表現良好，但只有一星期表現較差，若是這樣的話，你有必要跟孩子與老師談談，找出為什麼那星期的問題較多。如果接下來一個星期孩子又恢復正常的話，那麼或許不必改變任何治療。但若是問題持續沒有改變，那麼適度的修正療法就很重要了。請你與醫生討論什麼樣的步驟最為合適。

正如前面所述，如果老師只能每月為孩子評分一次，那麼你必須與照護孩子健康的人士討論這個情況。

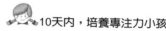

ADHD的症狀得到控制，但孩子仍有行為、人際關係、情緒及成績方面的問題

即使孩子在第1～12題有關ADHD症狀的分數（大部份是0分或1分）還算可以，卻可能在某些方面出現問題。當ADHD的症狀分數降低，其它問題看來似乎不是直接來自於ADHD，則反映出孩子可能有另外的問題。這些問題可能基於不同的理由，因此弄清楚什麼原因造成這些問題很重要。同樣的，我建議你一定要跟醫生討論。

▼注意：如果孩子正在念中學，有多位不同老師的話，他們通常沒有足夠的時間可以每天觀察孩子ADHD的症狀。通常這個年齡孩子ADHD症狀的分數還算可以，但卻很難顯示出行爲與成績方面的表現。你必須瞭解這點，因爲透過老師的分數看起來好像ADHD的基本症狀控制住了，但事實上卻未必如此，而且有必要調整用藥。

其它部分看來不錯，但ADHD症狀的分數很高

當第1～12題的分數大多是兩分或三分，但卻沒有其它方面問題時，便屬於這種狀況。這或許是最不尋常的一種狀況了，因為一般而言，當孩子ADHD的症狀控制不好時，行為、情緒、社交、及／或學業表現也會明顯出現問題。

如果這種情況持續超過一個星期，就有必要調整基本ADHD的治療方法（包

括調整用藥、進行行爲導正計畫）。當然，如果孩子在成績方面一直表現良好，而在學校的行為表現卻顯示出高度的ADHD症狀，或許還沒有必要更動任何治療。大致上來說，如果孩子ADHD的症狀無法控制得宜的話，他在行為等方面會產生問題是遲早的事。我再次強烈建議你，一定要跟孩子的醫生討論。

▼**注意**：表格上的最後一個問題，是要老師比較孩子在上午與下午的表現。如果孩子有吃藥，而且吃的是要比較久才會產生藥效的興奮劑，或是白天在學校得吃第二次藥的話，那麼上午與下午的表現可能不會有什麼差別。

如果孩子每天只吃一次興奮劑，藥效無法涵蓋一整天，而老師的評分結果是早上的表現優於下午，這表示藥效在白天已差不多快過了，而且一天只吃一次藥並不夠。如果老師的評量表格上出現這種狀況時，你必須跟醫生討論。或許讓孩子一天服兩次藥，或是使用藥效較長的藥物。

▼**注意**：你會在下一頁看到每週與每月兩種不同版本的檢測表格。希望它們能對你有所幫助。

每週檢測報告

日期：＿＿＿＿＿＿

孩子姓名：＿＿＿＿＿＿　班級：＿＿＿＿＿＿　老師：＿＿＿＿＿＿

0	一點也不會	2	蠻常這樣
1	有時會如此	3	經常如此

老師：請根據你過去一周對孩子的觀察，回答以下問題，並圈出最符合他情況的分數：

問題	分數			
第 1 題　坐在位子上時坐立難安	0	1	2	3
第 2 題　無法乖乖坐在位子上	0	1	2	3
第 3 題　無法等到輪到自己才做事	0	1	2	3
第 4 題　過度愛說話	0	1	2	3
第 5 題　打擾他人	0	1	2	3
第 6 題　總是「動來動去」	0	1	2	3
第 7 題　很容易分心	0	1	2	3
第 8 題　無法完成困難的作業	0	1	2	3
第 9 題　無法專心	0	1	2	3
第10題　粗心／把作業搞砸	0	1	2	3
第11題　當別人跟他說話時似乎沒在聽	0	1	2	3
第12題　無法遵從指示	0	1	2	3

注意：關於下面三個問題，分數愈高表示孩子的表現愈好。

第13題　遵守課堂上的規矩	0	1	2	3
第14題　跟同學和睦相處	0	1	2	3
第15題　看起來很快樂，心情也不錯	0	1	2	3

請根據上述行為在孩子第一個星期上午與下午不同時間的表現來評分，並在下面選擇項目中圈選其一。注意：如果早上及下午班上只有這個小孩的話，這個表格就不適用。

早上比下午好	沒有明顯差別	下午比早上好

圈選出下列分數，顯示孩子在過去一星期大約完成了多少比率的規定要做的作業。

0分	10分	20分	30分	40分	50分	60分	70分	80分	90分	100分

孩子這周完成作業的品質是：

非常糟	糟	還可以	很好	非常好

如果孩子不同科目的成績有非常顯著的差異，請寫在旁邊空白欄位的地方	
孩子是否交出了所有該交的作業？如果沒有的話，請寫出他沒有交的有哪些？	
請你寫出你認為對孩子很重要的其它觀察或評語。	

謝謝你的協助！　　（可影印多份使用）

每月檢測報告

孩子姓名：＿＿＿＿＿ 日期：＿＿＿＿＿ 老師：＿＿＿＿＿ 班級＿＿＿＿＿

0	一點也不會	2	蠻常這樣
1	有時會如此	3	經常如此

老師：請根據你過去一周對孩子的觀察，回答以下問題，並圈出最符合他情況的分數：

問題	分數			
1. 坐在位子上時坐立難安	0	1	2	3
2. 無法乖乖坐在位子上	0	1	2	3
3. 無法等到輪到自己才做事	0	1	2	3
4. 過度愛說話	0	1	2	3
5. 打擾他人	0	1	2	3
6. 總是「動來動去」	0	1	2	3
7. 很容易分心	0	1	2	3
8. 無法完成困難的作業	0	1	2	3
9. 無法專心	0	1	2	3
10. 粗心／把作業搞砸	0	1	2	3
11. 當別人跟他說話時似乎沒在聽	0	1	2	3
12. 無法遵從指示	0	1	2	3

注意：關於下面三個問題，分數愈高表示孩子的表現愈好。

13. 遵守課堂上的規矩	0	1	2	3
14. 跟同學和睦相處	0	1	2	3
15. 看起來很快樂，心情也不錯	0	1	2	3

請根據上述行為在孩子第一個星期上午與下午不同時間的表現來評分，並在下面選擇項目中圈選其一。注意：如果早上及下午班上只有這個小孩的話，這個表格就不適用。

早上比下午好	沒有明顯差別	下午比早上好

圈選出下列分數，顯示孩子在過去一星期大約完成了多少比率的規定要做的作業。

0分	10分	20分	30分	40分	50分	60分	70分	80分	90分	100分

孩子這周完成作業的品質是：

非常糟	糟	還可以	很好	非常好

如果孩子不同科目的成績有非常顯著的差異，請寫在旁邊空白欄位的地方	
孩子是否交出了所有該交的作業？如果沒有的話，請寫出他沒有交的有哪些：	
請你寫出你認為對孩子很重要的其它觀察或評語：	

謝謝你的協助！

（可影印多份使用）

附錄2

「10天內，培養專注力小孩」重點便利貼

第一天 認識孩子的注意力不集中

■任何一個單一因素不會造成注意力不集中。

■注意力不集中的孩子並不懶惰。不論他是否完全符合ADHD或其它精神方面的疾病，你必須採取行動來幫他減少注意力不集中的傾向。

■不論造成孩子注意力不集中是什麼原因，或是他表現出這個症狀的程度為何，這個十天計畫的策略適用於所有注意力不集中的孩子。

■你教養與激勵孩子的方式，對孩子的問題有很大的影響。

■珍視自己的價值與所付出的努力。這會讓孩子起而仿效之。

第二天 真正瞭解注意力不集中的孩子

■瞭解注意力不集中孩子的看法，以及你們之間的關係如何，對於認識他來說是很重要的事。

■瞭解孩子能為他創造出安全感及信任感。

■注意力不集中的孩子覺得自己的權力受限，而你的理解能讓他覺得自己被賦予了某些權力。

■注意力不集中的孩子經常被誤解，而你願意瞭解孩子的承諾，對他來說是很棒的禮物。

■你越是瞭解你的孩子，他就會越願意敞開胸懷讓你幫他。

第三天 不要陷入「要求孩子更專心」的陷阱

■若是你反應過度的話，會對孩子好不容易建立起來的信心產生重大的戕害。

■瞭解並記住是哪些狀況會讓你反應過度。

■反應過度完全無助於孩子，而且只會增加他內心的紊亂與挫折感。

■你的孩子為他的問題和你一樣沮喪，即使

他不願意承認這點。

■有許多方便、簡單的策略可有效解決你的情緒問題，以避免反應過度。

第四天　解決孩子在學校注意力不集中的問題

■注意力不集中的孩子不僅有課業方面無法克服的問題，同時待在學校也有許多負面的想法與感受。

■根據你孩子的狀況，教育相關法令可提供他額外的援助。

■不論孩子注意力不集中的問題是否被法令所認定，你還是可以透過極力爭取他在學校的權益來改變現狀。

■不論好壞，你與老師、孩子的情緒都會影響孩子的學習動機。

■這裡提供了許多策略可讓你提供給老師參考，好幫助注意力不集中的孩子在課堂上的表現得更好。

第五天　終結回家功課的戰爭

■留意（你與你孩子）強而有力的負面情緒，足以影響做功課的成效。

■以冷靜、堅定、不掌控的態度，減少因做功課而產生的權力鬥爭。

■以鼓勵與支持的態度協助孩子做功課。

■與學校保持連繫並參與學校活動，確保孩子能成功地做完功課。

■你是否做完本章的建議事項並不重要。最重要的是，你必須願意花時間並努力參與孩子的教育，幫助他克服注意力不集中的問題。

第六天　克服同儕相處危機

■注意力不集中的孩子腦裡充滿各種事物，無法辨識同學、老師及其他人所發出的訊息。

■父母常希望孩子把精力放在求取好成績，不要惹麻煩，卻忽略了協助孩子建立人際關係、必要的社會化、全方位的成功也同等重要。

■你越是瞭解孩子面對的人際問題，他就會越願意接受你的意見與鼓勵。

■透過你的支持與指導，孩子能與他人建立長久的友誼；同時透過這點，他會更喜歡自己。

第七天　克服與注意力不集中並存的疾病

■有些注意力不集中的孩子可能有一種或多種健康方面的問題。

■許多其它疾病可能會造成注意力不集中，也會讓現存的注意力不集中益形惡化。

■你越是瞭解這些精神方面的疾病，當你懷

疑孩子罹患這些疾病時，就越能幫助你。

- 你的耐性與堅持下去的意願，可以幫助孩子克服任何正在面對的共存疾病。
- 如果孩子有持續性的問題，或是想瞭解更多相關資訊，應請教合格的健康專家。

第八天 透過獎勵幫助孩子保持積極的學習動機

- 如果以正確的態度讚美孩子，他正面行為增加的情形會十分顯著。
- 你越是根據孩子的行為而獎勵他，他注意力不集中的程度就會越少。
- 其它的獎勵方式可以結合讚美來表彰孩子的正面行為。
- 增強自己正面的教養能力與行為，對你與孩子來說都會非常值得。

第九天 了解相關用藥與另類療法

- 藥物，特別是興奮劑，對大部份ADHD的孩子都能產生非常顯著的效果。
- 即使孩子服用興奮劑後情況大有改善，但課業及/或行為問題仍可能會持續存在，所以必須佐以其它方式來幫助他。
- 只要處方開立得當，大部份孩子在使用興奮劑治療後，都不會產生長期的副作用。然而有一點非常重要的是，家長必須與醫生討論有關於用藥的問題與疑慮。
- 孩子對藥物的反應會因時間而不同，正如孩子對藥物的需要也會因時間而改變。經過一段時間後，再重新評估用藥是很重要的。
- 另類療法像改變飲食及自然療法，可減少某些人的注意力不集中。補充魚油似乎是最有效的方法。然而請你要注意，目前大部份補給品與草藥並無堅實的科學證據，足以證實能有效治癒ADHD。
- 本書提供的所有策略均可單獨使用，或配合藥物治療一併使用。

第十天 改善注意力不集中，要有長期抗戰的準備！

- 將孩子置於他會成功的處境。無論是在學校、與同學相處、舞蹈課、辯論賽、或足球場，為他小小的勝利而慶祝一番以建立氣勢。這會讓孩子對自己更有信心。
- 幫助孩子發現並設定目標。一旦達到了那個目標，再提醒他人生更多更大的目標。
- 強化他未來人生光明又燦爛的信念。
- 強調只要有恆心並肯努力，一定能克服所有的障礙。

國家圖書館出版品預行編目資料

10天內，培養專注力小孩／傑佛瑞・伯恩斯坦（Jeffrey Bernstein）著；陳昭如譯. -- 修訂三版. -- 臺北市：新手父母，城邦文化出版：家庭傳媒城邦分公司發行，2019.05
面； 公分. --（好家教系列；SH0045Z）

ISBN 978-986-120-405-5（平裝）

1. 親職教育 2. 問題兒童教育 3. 注意力 4. 親子關係

528.2 97003940

10天內，培養專注力小孩 超值修訂版

作　　者／傑佛瑞・伯恩斯坦（Jeffrey Bernstein）
譯　　者／陳昭如
選　　書／林小鈴
責任編輯／蔡意琪

行銷經理／王維君
業務經理／羅越華
總 編 輯／林小鈴
發 行 人／何飛鵬
出　　版／新手父母出版・城邦文化事業股份有限公司
台北市104民生東路二段 141 號 8 樓
電話：(02) 2500-7008　傳真：(02)2502-7676
E-mail：bwp.service@cite.com.tw
發　　行／英屬蓋曼群島商家庭傳媒股份有限公司城邦分公司
台北市 104 民生東路二段 141 號 11 樓
讀者服務專線：(02) 2500-7718；2500-7719
24 小時傳真服務：(02) 2500-1990；2500-1991
讀者服務信箱 E-mail：service@readingclub.com.tw
郵撥帳號：19863813　戶名：書虫股份有限公司

香港發行所／城邦（香港）出版集團有限公司
香港灣仔駱克道193號東超商業中心1樓
電話：(852) 2508-6231　傳真：(852) 2578-9337
E-mail : hkcite@biznetvigator.com
馬新發行所／城邦（馬新）出版集團 Cite(M) Sdn. Bhd.
41, Jalan Radin Anum, Bandar Baru Sri Petaling, 57000 Kuala Lumpur, Malaysia.
電話：(603) 9057-8822　傳真：(603) 9057-6622

封面設計／劉麗雪
印　　刷／卡樂彩色製版印刷有限公司

2008 年04月28日初版
2009 年10月28日初版14刷
2019 年05月16日超值修訂版
售價／ 350元

城邦讀書花園
www.cite.com.tw

Printed in Taiwan

ISBN 978-986-120-405-5
EAN 471-770-290-649-8